使った甘い菓子を売る大型のパン屋も存在した。大きな都市では、エリートが私的な儀式や民衆の楽しみのために定期的に食事会を開き（後者は無料でふるまわれた）、季節や祭事に応じてパンや油が、ときには肉が、そしてさまざまな食べ物が並べられた。

これらのメニューは、今日オート・キュイジーヌと呼ばれるものに似ている。高度に専門化した料理人によってつくられ、そのなかには専門の訓練を受けた者もいた。もっとも重要な料理人たちは、貴族や権力者の大邸宅や宮廷で活躍した。

当時の技術は、オリーブ油で炒め、コシードやプチェーロ（シチュー）をつくり、肉を煮込み、食事パンを添え……と、現代とあまり違わない。ロー〔マ〕料理は祭日や祝祭日に用意され、特別な菓子やワ〔イン〕が飲まれた。ビールは安価で、誰でも飲むことが〔でき〕た。折々の季節にはイチジクや栗、リンゴなどが消〔費〕され、東洋から少しずつ桃、サクランボ、プラム、そして新しい品種のリンゴや梨なども伝わった。ローマ人は軍事遠征の際、領土を征服するだけでなく、すぐれた農学の徒となって、そこで見つけた新しい産物をイスパニア（イベリア半島）に持ち帰ったのだ。

紀元5世紀、帝国へのゲルマン民族の侵入により、オート・キュイジーヌの時代は終わりを告げる。

イベリア半島では、西ゴート族が新しい世界観と異なる食の概念を携えて登場した。彼らは既存の製品や技術に適応し、ローマ時代の組織を利用した。食においても同様で、オリーブ油を使い、パンを食べ、ワインを飲む習慣は続いたが、調理法はずっとシンプルになった。

エストファード、コシード、ギソ（いずれも煮込み料理）がおもな料理として続き、もちろんデザートも続いた。食事の基本は小麦、大麦、ライ麦などの穀物で、ニンニクを中心にローズマリー、タイム、ラベンダーなどイスパニアらしい風味づけをした。ローマ帝国と同様、ワインもさまざまなタイプがつくられた。

イスラム文化～領土回復～新大陸発見の影響

711年、ふたたび歴史と食に大変化が訪れる。イスラム教徒によるイベリア半島征服の開始により、すでに全面的にキリスト教であったスペインは宗教も習慣も大きく変わっていく。

彼らはすぐれた栽培技術を持ち、ローマ時代の農業技術をこの地に取り戻〔し〕、アーティチョーク、ナス、柑橘類〔……〕〔サ〕フランなどがもたらされ〔てい〕く。

〔……ス〕ペイン式の生活様式に強〔……〕肉、豚脂の摂取が禁じ〔……の〕動物の肉が使われる〔……〕〔ま〕ではオリーブ油とともにラード〔が〕調理に使われていたが、有無を言わさずオリーブ油に置き換えられることになる。

最後までイスラム教徒の拠点であったアンダルシアでは、ナス、柑橘類、米、砂糖といった新しい食材が加わって料理の幅が広がった。特筆すべきは揚げもので、塩味系ではパン粉または小麦粉をまぶした肉、魚、野菜の揚げもの、ブニュエロ（フリッター）、甘味系では甘いブニュエロや花型ドーナッツを蜂蜜やシロップに浸したものも登場した。

他方、ユダヤ文化はローマ時代から現在まで数百年にわたりスペインに存在していた。昔から豆類の料理が盛んで、インゲン豆の煮込みは、今のコシードのルーツにあたる、ただし、豚肉は使わない。イスラム教徒同様、ユダヤ教徒も豚肉を食べないのだ。

15世紀、キリスト教徒による領土回復によって、「中世」という時代とともにアグリドゥルセ（イスラムに特徴的な甘酸っぱい味つけ）の食習慣も終焉を迎える。そして、アメリカ大陸発見にともない、新たな文化や食の変化が現れる。

この変化は、世界レベルでの食の変化を象徴する重

JN022388

要な転換点だ。というのは、スペインからも、新大陸に旧大陸の食を輸出していたからだ。その交流は、やがて双方の世界の料理に手を加え、より豊かに、より完全なものとしていった。ヨーロッパでは、カカオを除くほとんどすべての食材が、少しずつ時間をかけて導入され、近代と呼ばれる時代に、これまでとは違った食のあり方を生み出していったのである。

近代——フランスの影響

近代（16世紀以降）とそれ以前とでは、料理の土台となるものが全く異なる。近代になると、都市が再び生活の核となり、市場や新聞などが発達し、新しい社会階層であるブルジョワジーが登場、現在に至るまで重要な役目を果たす。

スペインの黄金期である17世紀は、華麗な宮廷料理が登場すると同時に、いわゆるオジャス・ポドリダス（壺で煮込む豚肉と豆のシチュー）、コシード、スープ、そして栄養価の高い、手の込んだ料理を数多く見ることができる。対照的に、当時の貧者の食事を象徴する言葉に「ソパ・ボバ」がある。修道院で施される料理のことで、食うや食わずの者たちにとっての生きる糧であった。当時の文学は、「ラ・ロサナ・アンダルーサ」「ドン・キホーテ」「ピカレスク小説」など、豊かさよりも飢餓を反映した美食放浪の旅を描いている。

18世紀、カルロス2世を最後にスペインにおけるハプスブルクは断絶し、1713年、フランス・ブルボン家出身の新王フェリペ5世が即位。当時フランス料理は、ヨーロッパ中に名声を高めており、その影響は、料理スタイルの随所に表れている——どうにも田舎くさく大衆的に見え始めた伝統スペイン料理の回避、高級菓子や丁寧につくられたつけ合わせやソース、より洗練されたテーブルサービスが登場するようになったのだ。

スペイン料理は、ほかの一般的文化同様、フランス化しつつあった。フアン・デ・アルタミラスが『新料理術 Nuevo arte de cocina』（1745）、フアン・デ・ラ・マタが『菓子術 Arta de repostería』（1747）を著したのもこの時期。ただし、1808年5月2日の蜂起とそれに続く独立戦争によって、この影響は部分的にではあるが軽減されることになった。

次に大きな変化をもたらしたものは、19世紀末に導入された電気だ。再び人々の食生活に激変をもたらした、大きな革命であった。食品は工場で包装され、保存が可能になり、厨房は省スペース化された。

20世紀から今日まで

20世紀は最初から変革の時代だった。粗野な料理あるいはフランス料理の影響を受けた料理に対して、「伝統的でありながら、きちんと調理された料理」の価値を大切にする新しいトレンドが現れたのだ。

ピカディージョ（本名 Manuel María Puga y Parga）は1905年に『実用的な料理 La cocina práctica』を著し、家庭料理書として重要なものとなった。パルド・バザン伯爵夫人は1913、1917年に『昔のスペイン料理 La cocina española antigua』『現代のスペイン料理 La cocina española moderna』の2冊を著し、さらに多数の論文や文献を発表。1935年にホセ・サウラが出版した『私たちの料理 Nuestra cocina』はスペイン料理本の最高傑作のひとつ。パラベール侯爵夫人は『料理百科 Enciclopedia』の料理編、菓子編の2冊を著し、後にシモーヌ・オルテガが『1080品目のレシピ』でこの路線を引き継いだ。その本は版を重ね、もっとも有名な料理本のひとつとなっている。

現代では料理法、下ごしらえ、技術法、食材そのものが変化し、同じ料理も違うものとなっている。20世紀後半以降の料理は、より軽く、より健康的で、よりバラエティ豊かになった。昔なら手が届かなかった食材が、誰もが入手できるようになったことも大きい。おいしい料理に必要なものが今はすべて揃うのだ。

カンタブリア海
フランス
アストゥリアス
Asturias
カンタブリア
Cantabria
ガリシア
Galicia
バスク
País Vasco
ナバラ
Navarra
ラ・リオハ
La Rioja
カタルーニャ
Cataluña
大
西
洋
カスティージャ・イ・レオン
Castilla y León
アラゴン
Aragón
マドリード
Madrid
メノルカ島
Menorca
マジョルカ島
Mallorca
ポルトガル
エクストレマドゥーラ
Extremadura
カスティージャ・ラ・マンチャ
Castilla-La Mancha
バレンシア
Valencia
バレアレス諸島
Islas Baleares
イビサ島
Ibiza
ムルシア
Murcia
地 中 海
アンダルシア
Andalucía
カナリア諸島
Islas Canarias
ジブラルタル海峡
アフリカ大陸

II. 地域性に基づく食の特徴

　スペインには、非常に険しい山脈と、大きな川が貫いているため、大陸性気候、大西洋気候、地中海性気候と、あらゆる気候が混在している。地形的にも中央高原などの広大な平野部、海岸部、豊かな河川地域、乾生植物が生育する砂漠地帯、ほぼ一年中雪が降る高山地帯、亜熱帯まで多様で、それぞれの地域に適した多様な食文化が根づいている。

　国土は半島状で、大陸の他の地域からはやや隔離されている。そのことが、地場産品と長い伝統料理文化を確固たるものにした。一方、地中海に面しているために歴史的に非常に複雑で、多くの文化が行き交ったことで食文化の豊かさが生まれた。食材は豊富でバラエティに富み、さまざまな食文化が重なり合いながら、日々の料理を豊かにしてきた。

　ここで、地理的特徴がもたらす食の特徴をざっと一望してみよう。

　スペインの海岸線はとても長く、「海の料理」が重要な役割を担っている。コスタ（沿岸）の料理は、次

の三つの調理が基本となる。第一に、魚のプランチャ（鉄板）焼きに代表される、最高品質の素材を使ってシンプルに調理するもの、第二に魚介類の煮込み、最後がアンダルシア地方で有名な魚のフライだ。

　内陸には標高650mにも達する高い中央台地（メセタ）がある。この広大な高原は大陸性気候が非常に顕著で、「スプーンを使う料理」、すなわち豆類をベースにしたシチューや煮込み料理が特徴的だ。

　北部はより湿度が高く、涼しく、緑豊かな風景が見られる。内陸部では羊の放牧が主流であるのに対し、北部では牛も飼育され、チーズやバターが使われることもその表れだ。バスクやガリシアではギソやポタヘといった料理が、そして海の素材も山の素材も豊富。高品質で新鮮な食材が使われる。

　南部のアンダルシアは温暖な気候の地域で、海岸線も長く、多様性に富む。穀物やオリーブ油、ワイン、ヴィネガーの大生産地だ。

　西部はポルトガルと国境を接し、その大部分を占めるエクストレマドゥーラ州は今もデエサ（オークの原生林）の景観が際立つ。豚の放牧が行われ、豚肉加工品が多く生産されている。

東部のカタルーニャからレバンテ地方（バレンシア〜ムルシア）は、魚介と野菜が豊富。それらを中心としたブルジョワ料理の伝統がある。米生産も盛んだ。

［地方別のおもな特徴］

カタルーニャ州

料理の歴史が長いだけでなく、海、山、森に恵まれた豊かな美食カントリー。郷土料理はもちろん、ヨーロッパでもっとも前衛的な料理も味わうことができる場所だ。フェラン・アドリアとその料理がここで生まれたことも、その文化と無縁ではない。

フランスに隣接し、地中海に開けた地理的条件も、先進料理文化の背景にある。カタルーニャのブルジョワたちは、つねに伝統的な食材を大切にし、日々の食卓を豊かにすることを大切にしてきた。たとえば「海と山」は、海の素材と山の素材を同時に料理に使う、カタルーニャ独特の料理コンセプトのひとつだ。

特産品は枚挙にいとまがない。地中海の魚種の豊富さは言うまでもない──各種岩礁魚、甲殻類、イカ、エスパラデニャス（ナマコ類の筋繊維）など。ビック産のさまざまな腸詰類は自慢の産品だ。特徴ある野生キノコも多く、また料理同様、カバをはじめワインの生産でも、常に新しいトレンドを生み出してきた。

シンプルなパン・コン・トマテから、ロメスコやアイオリなどのディップソース、魚料理（新鮮さを生か

したシンプルなものから、煮込み料理まで）、バカラオ料理、魚の塩漬け、野菜の煮込み、ジビエ料理、マスを中心とした淡水魚料理、米料理まで、代表料理やテクニックは数多い。スケはコスタ・ブラバの典型的な煮込み料理で「魚介のスープ」という地中海の古くからの伝統の一部である。

バレアレス諸島

地中海に浮かぶバレアレス諸島の料理は、地中海文化の遺産を受け継いでいる。漁業が主体で、海産物は非常に豊富（ヒメジ、ラングスティーヌ、エビ、タコ、イカ、メルルーサ、タイなど）。肉は豚肉加工品が中心で、マジョルカ産のソブラサーダ（IGP）がとくに有名。その他、ブティファラはじめ特産の腸詰もある。

代表的な料理はマジョルカ風フリット。ジャガイモ、ピーマン、レバーを使い、羊や豚の血や内臓を加えることもある。また、米料理も有名だ。

バレンシア州

豊かで、美食意識の高い土地柄。地中海的な食材・料理文化をもち、広大な野菜畑、アルブフェラ湖および海の魚、米、柑橘類に特徴づけられる。アラブ文化の遺産も感じ取ることができる。

象徴的な産物はもちろん米だ。さらに、ガロフォン（ライ豆）という扁平な豆、ケイパー、大きくてやわらかな平サヤインゲンなどさまざまな野菜がある。ウ

サギ、鶏、ウズラなどの家禽類、パエージャに使うバケタと呼ばれるカタツムリの一種も飼育されている。

アルブフェラ湖のウナギ、海産のクルマエビ、アナゴ、アンコウ、ムール貝なども。沿岸ではマグロのモハマなどの加工品が生産されている。また、新鮮素材があってもバカラオ料理の伝統がある。

代表的な料理は、パエージャはじめ何百種類もある米料理であることは間違いない。

ムルシア州

スペインの菜園とよばれる野菜の重要生産地域。産物はトマト、ピーマン、キュウリ、ソラマメ、アスパラガス、さまざまな葉野菜、ニンジン、カブ、ジャガイモなど根菜類、そして特産のニョラ（赤ピーマン）、カラスパラ産のボンバ米（DOP）…、フルーツではイチジク、フミージャ産のプラム（DOP）も有名。もちろん漁業も盛んだ。

畑や水田にはウサギや野ウサギが棲み、野鳥類が飛来する。そのため野菜や根菜を使った各種煮込み料理と並び、ウサギや鶏の煮込み、ジビエのパイやテリーヌなども多い。もちろん米料理は重要で、アロス・セコや各種アロス・カルドソが名物で、七面鳥とカタクチイワシとカリフラワーを使った米料理も注目に値する。

アラゴン州

最大の特徴は、有数の市場作物を産する地域であるということ。エブロ川流域では、カルドン、アーティチョーク、アスパラガス、トマト、ボリジ、ピーマン、桃、アンズ、サクランボ、ナシやリンゴなどを生産する。肉ではIGPをもつテルナスコの仔羊（在来種の血統を引く生後90日以下の羊）が有名だ。

アラゴン料理は栄養価の高い、しっかりとした味わいのある美食だ。すぐれた基盤をもち、新鮮な素材、とくに野菜がふんだんに使われる。

ナバラ州

ナバラ料理は、堅実かつ繊細なガストロノミーに基づく。まさに秀逸な食材と料理とが一体となって高いクオリティを生み出している。

そもそも野菜の名産地であり、ロドサ産ピキージョピーマン（DOP）、肉厚で質の高いアスパラガス、トゥデラ産コゴージョ（芯取りレタス）など特筆すべきものが多い。腸詰では、パンプローナ産のチョリソやチストラなどが高く評価され、牛肉も最高レベル。ロンカルやイディアサバルなど多種多様なチーズもある。

代表料理は、野菜の炒めものや、ピキージョの詰めもの、ホワイトアスパラガスなど、野菜を使ったあらゆる前菜。そして野菜の煮込みや、豆の煮込み料理。とくにチョリソ入りのポチャ（白インゲン豆の煮込

み）は魅力的だ。若鶏や雌鳥を主材料とするチリンドロンという名料理もある。

ナバラ産仔牛肉（IGP）は、シンプルな調理で格別な味わいを楽しめる食材だ。一方、鳥類（鴨、ガチョウ、鳩、ウズラ、去勢鶏等）を使った料理も多く、ヤマウズラのチョコレート風味、ウズラのアドボ、鴨のコンフィやマグレ、フォワグラなど素晴らしいものがある。

ラ・リオハ州

この地の美食は、世界にこの地を知らしめた赤ワインによって特徴づけられる。高級リオハ料理の食材となるのは、乳飲み仔羊や豚や野鳥類などで、ヤマウズラのエスカベチェは有名。野ウサギやイノシシ、鹿などのジビエは煮込み料理に。家禽のチリンドロン、リオハ風のカルドンの煮込み、カタツムリのギサード（煮込み）なども知られる。

この土地の二大古典と言えるのが、リオハ風ジャガイモの煮込みと、仔羊のカルデレタ（煮込み）。その昔、羊飼いが食べていたリオハ風煮込み料理や、ソパ・デ・アホも興味深い。

バスク州

バスク地方の料理は、現代スペインの美食の原点の一つ。食材にこだわり、料理技術に磨きをかけていくバスクのシェフたちの姿勢は、スペイン料理界全体の基準となってきた。

魚介類がスター食材として輝き（メルルーサ、バカラオ、小イカなど多数）、また家禽類やフォワグラなどの加工品にも興味深いものが尽きない。ビアナ産のサルチチャ、バイオナの生ハム、羊のモルシージャといったシャルキュトリ類も。飲料ではシードラ、そして軽快な白ワイン、チャコリが世界的な人気だ。

また、バスクといえばピンチョス。あらゆる食材と料理を魅力的な「おつまみ」にして楽しむ文化であり、無限の可能性がある。

伝統料理はやはりリギソ（煮込み）で、メルルーサの

サルサ・ベルデをはじめ、ウナギ料理、あらゆるバカラオ料理（とくにピルピル）、マルミタコ（ジャガイモとマグロの煮込み）など。また、イカの墨煮やチャングロ（カニの詰めもの）も定番だ。他の地域と同様、豆類も欠かせず、とくにウズラのポチャが有名だ。

カンタブリア州

海と山のふたつのゾーンがあるという地理的特徴が、食文化にも顕著に表れる。伝統的には、オジャ（鍋料理）が食卓の主役。

カンタブリア海の良質な魚介に恵まれ、アンチョビのオイル漬けなど、魚介加工品の品質の高さで名を馳せる。伝統料理の定番は、ギソ（煮込み）で、ほかにサンタンデール風の魚介入り米料理なども。また、サケやマスなどの淡水魚にも恵まれる。

山の素材では、高品質で知られるカンタブリア牛、ノロ鹿や鹿やイノシシなどのジビエ類。「山のコシード」はインゲン豆、ジャガイモ、キャベツ、そして燻製チョリソ、ベーコン、米入りのモルシージャ、豚耳、豚足、ハムなどの加工品などが入る、山系カンタブリア料理の代表格だ。

アストゥリアス州

やはり海と山のふたつのゾーンがある。比較的狭い州内に海と山（かなり高山）を抱え、それぞれの地域が特徴的な産物を生み出している。海の素材、野菜、畜産物がギソやポタへ（煮込みやシチュー）に使われ、また山間部で生産されるすぐれた肉類や乳製品もこの地方ならではのもの。

代表料理はギソやコシードで、独自のスタイルがある。たとえば魚介のポテには甲殻類、カサゴ、アナゴ、メルルーサ、ときにはアサリを使い、どんな場合も

ジャガイモを使用する。そして真打は、「ファバダ」だ。その主役は大粒の白インゲン豆。バターのようなクリーミーな口当たりはなんとも言えず、これにチョリソ、ベーコン、モルシージャといった地元特産の燻製の腸詰と、地元産のジャガイモを組み合わせる。アストゥリアスだけでなく、スペインのガストロノミーを代表する料理のひとつ。

シャルキュトリ類は個性的で、豚、ジビエのほか、牛や馬肉のセシナ（生ハム）と逸品揃い。降水量が多いため乾燥・保存のために燻製プロセスを経ることが大きな特徴で、アストゥリアス産の腸詰はほぼすべて、何らかの燻製が施されている。

ガリシア州

スペイン北西部に位置する、もっとも湿潤な地域。雨が多く、温暖な気候と緑の草原で知られ、大西洋の水産資源に恵まれている。サンチャゴ・デ・コンポステラを目指す巡礼者たちが、その精神性と美食を楽しみにやってくる。

新鮮な魚介をシンプルに料理したものが多い。一方、冷涼な地域特有の煮込み料理もある。ボリュームたっぷりのガリシア風スープや、ラコン（ガリシア風の加熱ハム）とグレロ（在来のカブ菜）入りのポタへなど。魚介や野菜の具を詰めた月形のパイ、ガリシア風エンパナーダも名物だ。ガリシアのパンは、スペイン一おいしいと言われ、どれもシンプルで風味が高い。また、小麦の代わりにトウモロコシを栽培する地域もあり、トウモロコシパンの伝統もある。

カスティージャ・イ・レオン州

中央大地、メセタの北半分を占める、より標高の高い地域。冬は非常に寒く、夏は非常に暑いという極端

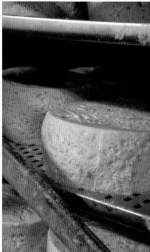

な気候が特徴。そして、長い歴史をもつ村々が多い。食文化のベースはスプーンを使う料理──オジャ、ポタヘ、コシード、プチェーロなど。いずれも豆が使われる。

豆の種類はとにかく豊富で、有名なものではフエンテサウコのガルバンソ豆、アルムーニャのレンズ豆、ラ・バニェサやバルコ・デ・アビラのインゲン豆、ブルゴスのイベアスの赤インゲン豆など。これらの豆とギフエロ産の豚肉製品との組み合わせから、多彩なカスティージャ風煮込み料理が生まれる。DOPギフエロの生ハムや腸詰以外にも、ブルゴスやソリア、ティエタル産チーズなど、美食アイテムは多岐にわたる。

セゴビア、アビラ、セプルベダは、素晴らしいロースト料理の故郷。スープ料理、カルデレタ（煮込み料理）、伝統的デザートなどもある。

料理が多様すぎて絞り込むのが困難だが、ロースト料理、とくに乳飲み仔羊や乳飲み仔豚のローストは、広く知られている。

マドリード州

ガストロノミーの観点から見ての最大の特徴は、充実したメルカド（市場）だろう。あらゆる種類の商品が手に入ること、それを評価する大衆がいることだ。首都エリアたるゆえんで、伝統からモダンまで数多くの美食のレストランがある。

全土の料理を味わうことができるが、地元の郷土料理もある。マドリード風のカジョス（胃袋の煮込み）、コシード、クリスマス料理としての鯛料理、紫キャベツの煮物、ルーカスおじさん風レンズ豆などがその例だ。

カスティージャ・ラ・マンチャ州

メセタの南半分を占める。その食文化は、「ギソ、豆、畜産物」に特徴づけられる。鳩、ミガス（かたいパンのくず）、マンチェゴチーズ、生ハム…ドン・キホーテの文学で描かれているのはその象徴だ。それら素材を組み合わせつつ、ニンニク風味をきかせた肉や野菜の煮込み料理がつくられる（ちなみにラス・ペドロニェラス産ニンニクはスペイン唯一のIGPをもつ）。トレド周辺は狩猟が盛んな地域で、ヤマウズラの煮込みやエスカベチェなど、鳥料理が有名だ。

その食のイメージは「どっしりとした味わい」。仔羊や豚肉のシンプルなローストや、豚レバーやパンセタ、松の実、ニンニク、強いスパイスを使ったクリーム料理「アホ・デ・マタデロ」や、マリネした鶏、ウサギ、ウズラのパテなどもあるが、とはいえカスティージャ・ラ・マンチャらしさの象徴は、やはり煮込み料理だ。

エクストレマドゥーラ州

デエサ（オークの原生林）が広がる、イベリコ豚の重要な生産地である。

隣接するポルトガルと食文化も類似している。キノコが非常に豊富。農業地帯ではオリーブや穀物、ガルバンソ豆、牛や羊（メリノ羊はこの地が原産）など。小さな畑でワイルドアスパラガスやカルディージョ（アザミタケ）などほとんど市場に出回らない野菜が採れる。ラ・ベラ産のピメントンは、全国の食卓で使われる重要な調味料だ。山には猟獣や野鳥類も多い。

特産品は腸詰、イベリコハム、豚脂など。植物レンネットでつくるやわらかい羊乳チーズ「セレーナ」と「トルタ・デル・カサール」も特筆できる。

アンダルシア州

気候、地形、農業生産の面で、スペインでもっとも広大、かつ変化に富んでいる。重要な海岸線を持ち、多様な農畜産業が行われる食の大国だ。穀物、オリーブ、ワイン、ヴィネガー、そして世界で唯一のタイプであるシェリーワインを産する。

タパス発祥の地であり、仲間とタパスを楽しむ生活様式が、美食の原点となっている。イベリコ豚の生ハム、テーブルオリーブ、チーズはその基本と言われるが、実際の種類はほぼ無限にある。

海岸料理の代表はマラガやカディス風の魚のフライ（イソギンチャク、カタクチイワシ、小イカ、イカなど）、白身魚のアドボ。オリーブ油の一大生産地ということもあり、魚に限らず揚げもの料理が盛んで、チュロス、野菜のブニュエロ、フラメンキンなど多々。

内陸部では、豆類や野菜、豚製品を使った煮込みやスープ料理が多い。カディス風やロンダ風のオジャ、ジプシー風メヌード、麦とガルバンソ豆のオジャ等。夏の暑さをしのぐ、アンダルシア風ガスパチョやアホ・ブランコなどの冷たいスープ料理も特徴的だ。

カナリア諸島

北西アフリカ沖に位置し、一年を通して温暖。ジャガイモやバナナなど地元の素朴な食材を使った料理は、ラテンアメリカ食文化の影響を顕著に表す。一般的には、アドボやモホなど、強い風味を持つ料理が多い。

アルムデナ・ビジェガス・ベセリル
Almudena Villegas Becerril

作家、歴史学博士、王立ガストロノミーアカデミー正会員。スペイン、コルドバ出身。食文化史、美食学、料理に関する著書多数。近刊は『Culinary Aspects of Ancient Rome』（2021, Cambridge Scholars Publishing）

目次

料理撮影	天方晴子
アートディレクション	細山田光宣
デザイン	能城成美（細山田デザイン事務所）
DTP	横村 葵
校正	渡辺由美子
編集	木村真季

伝統料理のスピリットを今に

1990年代末、スペインの料理界にフェラン・アドリアという天才シェフが現れました。その影響は大きく、独創性やエンターテインメント性という新しい潮流が世界に広がりました。

イノベーティブ料理の震源地として、スペイン料理界ではモダン料理が盛んになりましたが、そのつくり手も「私の創造性の根元には、伝統料理がある」と、必ず言い添えるのです。そして、人びとは昔ながらの伝統料理も変わらずに愛し、慣れ親しんだ家族的な外食習慣を楽しんでいる。表層は変化しても、その足元に豊かすぎるほどの食材があり、伝統料理の厚い土台があるのが、スペインです。国民性とも言える食いしん坊文化がそれを支えています。モダンスパニッシュ料理をきっかけにスペインを知った外国人フーディーも、知れば知るほど、伝統的な食材と料理に魅了されています。

スペイン伝統料理は、宝の山。掘れば掘るほど魅力が見つかります。何世紀も続く料理もあれば、豊かになったこの数十年に定番化したクラシック料理もあり、地方性もさまざま。簡単に一望できそうにはありませんが、それでも、スペインならではの調理の組み立てや、おいしさのこつを知りたいではありませんか。小さな一端、一端を知ることで、伝統料理のスピリットに近づいていきましょう。

本書では、スペイン現地で料理を体得し、日本で工夫しながら「今生きる伝統料理」を表現するシェフたちに80品を紹介してもらいました。それぞれの視点と技術が、スペイン料理の基本と勘どころを示してくれます。

小西由企夫
El Poniente　エル・ポニエンテ

中村篤志
El Poniente　エル・ポニエンテ

ホセ・バラオナ・ビニェス
L'estudi　レ・ストゥディ

本多誠一
ZURRIOLA　スリオラ

前田庸光
Sal y Amor　サル・イ・アモール

INTRODUCCIÓN
スペイン料理のキーポイント

スペイン料理を特徴づけるポイントとは？
スペイン料理らしい風味は、何からもたらされる？
まずは伝統料理の主軸といえる煮込み料理に注目しよう。
各地に多種多様な煮込み料理があるが、
そこには共通する基本的なフォーマットがあり、
旨み、香り、コクを出すための共通ポイントがある。
これを理解すると、スペイン料理がよくわかる。

1. 煮込み料理の基本のフォーマット

全土にさまざまな食材・タイプの煮込み料理があり、エストファードEstofado、ギソGuisoといったいくつかの呼び方がある。ここでフォーカスするのはその分類ではなく、それらのスタンダード像。肉や野菜の煮込み料理には、基本として次のような「骨格」がある。本書のレシピも、これを参考に読み解いていただきたい。

---

1 鍋にオリーブ油を多めに引き、肉の表面を焼き固めて取り出す

- 基本的に油はオリーブ油。ラードを使う場合もある。

⋙

2 鍋に残った油で玉ネギとニンニクのみじん切りをソフレイールする

- ソフレイール sofreír＝油の中でゆっくりと加熱 (炒める、炒め煮) すること。
- できたものを「ソフリート」と呼ぶ。
- その他の野菜を加える場合もある。

⋙

3 ピメントン (スペイン産パプリカパウダー) を加え、さっと炒め合わせる

- 地方特有の乾燥ピーマンの果肉を使うこともある。
- これら乾燥ピーマンの風味が、スペイン料理独特のコク・香り、色を担う。

⋙

4 すぐにトマト、アルコール等の水分、ハーブを加える

- アルコールの種類によって、料理の風味が左右される。

⋙

5 肉を鍋に戻す。液体 (水またはカルド) を加え、煮る

- 肉を戻す時点で少量の小麦粉をふり入れる (または、**1** で肉に小麦粉をまぶしてから焼く) ことで、煮汁にとろみをつける。

⋙

6 味をととのえる

「仔羊とジャガイモの煮込み」を例に

オリーブ油で肉の表面を焼き固める

1

仔羊ロース肉に塩、コショウをふり、薄力粉をまぶし、余分な粉を落とす。

2

鍋にオリーブ油を引き、中〜強火で仔羊肉の表面を焼き固める

3

火を止めて肉を取り出す。油には肉の香り、エキスがついている。

その油で野菜のソフリートをつくる

4

3の鍋に玉ネギ、ニンニクを入れ、弱〜中火で炒める。最初はこびりついた肉のエキスをこそぎ落としながら。

5

赤と緑のピーマン、塩少量を加えてさらに加熱する。

┤ このニュアンスがポイント！ ├

**使用する油はやや多め。
そこに旨みをのせていく**

油はただの加熱媒体ではなく、それ自体が旨みだ。最初に鍋に引いたオリーブ油の旨みに、肉を焼いた旨み、野菜を炒めた旨みが加わり、最終的な料理の風味の「要」になる。やや極端な言い方をすれば、「伝統的な煮込み料理において、油は一種のだし」。そのおいしさを意識して、料理に適した油を選び、最後まで汚さないよう調理する。

ソフリートの風味を膨らませ、肉と水分を入れ、煮る

6

ピメントンを加えてさっと炒め合わせる。

7

すぐにトマト、白ワイン、タイム、ローズマリーを加えて煮立て、アルコールを飛ばす。

8

3の肉を戻し*、水（またはカルド）を加える。沸騰したら弱火にして肉がやわらかくなるまで煮込む。最後に塩で味をととのえる。

*肉以外に具材があれば同時に（または煮上がりまでの時間を逆算して途中で）加える。ここでは素揚げしておいたジャガイモを、煮上がりの約10分前に加えている。

仔羊とジャガイモの煮込み Estufado de cordero con patatas ［調理］ホセ・バラオナ・ビニェス

2. ソフリート

煮込み料理では、香味野菜を油でじっくりと炒めたソフリートが「旨みのもと」になる。基本材料は玉ネギ、ニンニク、油。料理によって、そこにプラスアルファの野菜が加わる。

伝統的な煮込み料理の本質は「肉、豆などの主素材」と「野菜のソフリート」と「水」。カルド（だし）を使うとしても、あくまで補足的なもの。野菜の旨みをしっかりと引き出したソフリートがあれば、水または肉のゆで汁的なシンプルなカルドで充分だ。

基本の材料は
玉ネギ、ニンニク、
オリーブ油

玉ネギとニンニクはみじん切りにする。炒め油はオリーブ油が基本だが、料理によってはラードを使う場合もある。

ソフリートをつくる

オリーブ油、玉ネギ、ニンニクのみじん切りを鍋に入れて火にかける。弱〜中火で玉ネギの水分を引き出しながら「炒め煮」に近い感覚で加熱する（15分間〜）。かける時間は火力により、極弱火で長時間かければ甘みは強くなる。

＊炒め中はときどき混ぜながら。火がやや強めの場合はニンニクが焦げないよう注意。玉ネギにある程度火が入ってから加えてもよい。

 →  →

炒めの度合い

基本は、玉ネギの水分が飛ぶまで（色づけない）。用途によっては、さらに加熱して色づけていく。焦げ色が濃くなるにつれ、メイラード反応によって旨みが増していく。

＋ピーマンで、スペイン風味

ピーマンのコクはスペイン的な風味をもたらす。最初に玉ネギを炒めて、ある程度水分を飛ばしてからピーマンを加える。

＊スペインのピーマンは緑から赤に成熟しかけたもの（1個の中に赤と緑がある）が普通なので、緑ピーマンに赤パプリカを少量合わせて使うと、それに近くなる。緑ピーマンだけを使うと、よりキレのある風味に。

＋トマトや香味野菜で、風味豊かに

ベース材料にトマトやその他の香味野菜を加え、さらに甘み、酸味、旨みを一段上のレベルで調和させることもある。生ハムの赤身などを加えることも。

左／玉ネギとニンニクとピーマンのソフリート　右／野菜のソフリート（玉ネギ、ピーマン、ニンジン、トマト、セロリ、ニンニク）

あらかじめ仕込む／その場でつくる

レストラン現場で、すべての料理にソフリートを一からつくることは現実的ではない。あらかじめメニューに応じたものを仕込み、適宜アレンジして使う。

左／仕込み置きの玉ネギのソフリートに、ピーマンを加えて、炒める。　右／野菜、トマト、ピメントンの入ったソース風の仕込み置きソフリートを、豆のゆで汁に加えて煮込む。

3. ピメントン

スペインの煮込み料理の大半が赤いのは、ピメントン（スペイン産の
パプリカパウダー）を使うから。その風味とコクが、スペイン料理な
らではの個性となっている。
スペインはヨーロッパで初めてピミエント（トウガラシ／ピーマン）が
持ち込まれた国。種類や使い方は多様で、さまざまな面で料理の
キーパーツとなっている。スパイスとしてはピメントンがもっとも
手軽かつポピュラーだが、ほかに地方独特ののものもある。

スモーク香が特徴のラ・ネラ産ピメントン

スペインのピメントンには、燻製タイプと非燻製タイプがあるが、主流
は燻製タイプ（エクストレマドゥーラ州のラ・ベラ産→p.88参照）。か
すかなスモーキー感と酸味を帯びた複雑な味わいでと、しっかりとした
コクがある。他国産パプリカパウダーとはひと味違う個性なのだ。甘口、
辛口、半甘口の3タイプがあり、料理では、甘口タイプをメインに使う。
左写真は、ラ・ベラ産（DOP認証）ピメントンの製品。

＊非燻製タイプのピメントン（ムルシア産）はよりマ
イルドな個性。これを選んで使う場合ももちろんある。
＊本書レシピでは、とくに断りがない限り「燻製タイ
プ」を使用。

ポイント：炒めて香りを立てる

ピメントンは軽く炒めて香ばしさを際立ててから、液体でのばす。こうすると、直接煮汁に加え混ぜるよりも、はるかに香りが生きる。ただし、ピメントン自体は焦げやすいので、タイミングが肝心だ。

≫炒めあがったソフリートに加える

ソフリートにピメントンを加えたら軽く炒め合わせ、すぐに液体を加える。

≫直接炒める

ピメントンを鍋で炒める場合、鍋肌や油があまりに高温だと焦げる。ほどほどの熱で1〜2秒炒め、香りを感じたらすぐに液体を合わせる。

地方風味の乾燥ピミエント： チョリセロ（左）とニョラ（右）

大ぶりのチョリセロはスペイン北部の食材で、アラゴン〜バスク一帯の料理によく使われる。一方、ニョラはスペイン東部の食材。カタルーニャ〜バレンシア〜ムルシアの料理に欠かせない風味をもたらす。煮込み料理に使う際は、いずれも乾燥をもどし、やわらかくなった内側の果肉を使う。ニョラは焼いたり揚げたりしてピカーダ（p.20）に加えることもある。

≫乾燥ピミエントの使い方

ひと晩水に浸けてもどし（もどし汁はだし的に使える）、切り開いて果肉をナイフでこそげ取る。ペーストとして使う。

4. ピカーダ

ピカーダは、カタルーニャ地方特有の仕上げの薬味ソースだ。他の地方では一般的ではないのに、カタルーニャ（および周辺）においては、絶対に不可欠なもの。ナッツとニンニク（＋その他の材料）をすり鉢でつぶしたもので、これを煮上がり直前の鍋に加える。4〜5分間煮て味をなじませ、できあがりとなる。

カタルーニャの煮込み料理は「ソフリートで始まり、ピカーダで終わる」。煮込んで調和した味わいに、新鮮かつ地中海風味のコクを与え、おいしさに最後のひと押しをする。

基本材料はニンニクとナッツ

1. ニンニク──芯を除いて使う。基本的には生をつぶす。ただし、ピカーダを加熱しないで使う場合はあらかじめ火を入れておく（ローストまたは揚げる）。
2. ナッツ──アーモンド、ヘーゼルナッツ、松の実（それぞれローストする）を好みで。1種類でも、複数組み合わせても。
3. 塩とイタリアンパセリも必須。

　プラスアルファの材料──その他のハーブ、スパイス（ピメントン、クミン、サフラン）、乾パン（カルキニョリタイプ）、揚げたパン、オリーブ油、ヴィネガーなど、求める風味や舌触りに応じて随時。

モルテーロでつぶす

材料をモルテーロに入れ、すりこ木で押しつぶす。何度もつぶしてなめらかにする。ただし完全なペーストにはせず、かすかな粒感を残すこともポイント（だからミキサーは使わない）。

つくり置きしない

ピカーダは香りが命。煮込み料理の仕上げ前にその場でつくる。

加えたら5分間煮る

ニンニクに火が通るまで4〜5分間は煮て、ピカーダの料理に風味をなじませる。

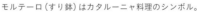
モルテーロ（すり鉢）はカタルーニャ料理のシンボル。

》ソース的な使い方も

ピカーダをソテーやグリル料理の「ソース」感覚で使うこともできる。生ニンニクを使う場合は、必ず火を通す工程を踏むこと。

》＋赤パプリカと酢で、ロメスコに

ピカーダ材料に焼いた赤パプリカとニョラの果肉、ヴィネガーを加えてつぶすと「ロメスコ」になる。ピカーダ同様煮込みの風味づけに、またディップソースとして使う。

［ここからの料理集について］

●スペインの基本的な伝統料理をテーマとして、現代の日本のレストランで提供するにふさわしいスタイルで紹介しています。一部、現代的な表現も含みます。
●地方料理としての伝統エリア、有名エリアを参考までに＃州名で記しています。
●料理名の綴り、読み方は、一部を除き基本的に標準スペイン語（カスティージャ語）で表記しています。

....

［*Note*］

●調理担当シェフからのメモ欄です。現地における体験や情報、その料理に対する解釈、調理上の気づかいや判断ポイントなどをコメントしています。

....

［レシピについて］

●材料の分量、加熱時間は目安として参考にしてください。使用する素材、一度につくる量、調理機器や厨房の環境によって、条件は変わってきます。実際の状態を見ながら、調整してください。
●下味の塩や揚げ油など、材料表に記していない場合があります。「フルール・ド・セル」は、フレークソルトを指します。
●チョリソについては、とくに断りがない限り、調理用（生〜半生）のものを指します。

....

［DOP、IGPについて］

●スペイン食品に関してDOP（原産地呼称保護の略）、IGP（地理的表示保護の略）と記している場合があります。どちらも食品と生産地との結びつきを保証するEUの認証制度です。DOPには、その食品の特徴が生産地域の地理的環境に起因することを示すためのより厳しい基準があります。本書中、DOP、IGP食品のすべてにそれを冠していませんが、一部説明として取り上げています。

SOPAS, COCIDO

ソパとコシード

Sopa de ajo

ソパ・デ・アホ：ニンニクのスープ

「かたいパンを水で湿らせる」——食文化の基本を今に伝える料理。
パンは毎日食べるものであり、かたくなったものはスープにする。
冬はソパ・デ・アホで、夏はガスパチョ。どちらも基本材料はパン、
水、ニンニク、オリーブ油だ。ソパ・デ・アホはピメントンと卵を
加えるのが標準スタイルで、食べるとぽかぽかと体が温まる。

#カスティージャ・イ・レオン
#野菜

[調理解説] ホセ・バラオナ・ビニェス ―――――――――――――――――

材料（4人分）

かたくなったバゲット（薄切り）… 100g
ニンニク… 大1かけ
オリーブ油… 100ml
ピメントン（甘口）… 1つまみ
薄めの鶏のカルド（p.199）… 250ml
水… 120ml〜　全卵… 1個
塩、E.V.オリーブ油… 各適量
ライトアイオリ*
イベリコハム（赤身の部分／みじん切り）
イタリアンパセリ（みじん切り）

*ライトマヨネーズ（p.199）にニンニク
オイルを合わせて混ぜたもの

1　バゲットを細かくきざみ、鍋に入れる。ニンニク、オリーブ油を加え、20〜30分間かけて弱火で炒める。

2　1にピメントンを加え【A】、軽く炒める【B】。鶏のカルドと水を加え、パンがふやけたら【C】泡立て器でくずしながら軽く煮る（必要なら水を足す）【D】。

3　ドロドロになったら塩で味をととのえ、火を止める。蓋をして30分間休ませる。冷蔵庫で1日寝かせる【E】。

4　3を温め（必要なら水を加えて濃度を調整）、泡立て器で混ぜながら卵液を加え【F】、火を止める。1〜2分間休ませてから皿に盛る。E.V.オリーブ油をたらし、（ディスペンサーを使って）ライトアイオリを渦状に絞り出す。イベリコハム、イタリアンパセリを散らす。

A　B　C　D　E　F

Note
☑ ここでは（レストラン料理として）薄めの鶏カルドを使っていますが、水と合わせて薄めています。本来は水だけでも充分。だしの旨みを味わうスープではないので。パンそのものを味わうスープです。

☑ ここではかき卵風に仕上げています。昔からよくあるのは「生の卵黄を入れた皿やカップに、熱いスープを注ぐ」という方法です。

Porrusalda

ポルサルダ：ポロネギとジャガイモのスープ

バスク文化圏に属するナバラはピキージョピーマン、アーティチョーク、カルド（カルドン）、ポロネギなどの野菜生産が盛んで、野菜の名物料理も多い。ポルサルダは、ポロネギとジャガイモの素朴なスープ。腸詰などの肉類は加えず、あくまでも野菜のやさしい風味を主役にする。ポロネギたっぷりのほっとする味わいの家庭料理だ。

#ナバラ
#野菜
#レフリート

［調理解説］**本多誠一**

材料（3〜4人分）

ジャガイモ…1個
玉ネギ（5mm角切り）…½個
ニンジン（1cm角切り）…½本
ポロネギ（1cm角切り）…1本
鶏のカルド（薄めのもの）または水
　　…800ml
ローリエ…1枚
塩…適量
レフリート
｜ ニンニク（みじん切り）…1かけ
｜ E.V.オリーブ油…30ml

A　B　C　D

1　ジャガイモの皮をむき、ペティナイフを刺してひと口大のかけらに割り取る【A】。
　＊カットせずにランダムに割り取ること（この形をカチェーロという）がポイント。ギザギザの断面からスープがよくしみ込み、一方ででんぷんが溶け出してスープにほどよくとろみがつく。

2　オリーブ油で玉ネギを炒め（中火）、透明になったらジャガイモを加えて軽く炒め合わせる【B】。

3　イモの表面がツヤツヤしてきたらニンジン、ポロネギを加えて混ぜる。さらに鶏のカルドを加え、塩をふる。沸騰したらアクを除き、ローリエを加える【C】。蓋をして、約20分間煮る。

4　塩で味をととのえる。別鍋でレフリートの材料を熱し、ニンニクが色づいたらスープに加える【D】。さっと混ぜて火を止める。

Note

☑ 玉ネギを炒める際に色づけないことがポイント。主役はポロネギなので、玉ネギの強さが出ないように。

☑ ニンニクを玉ネギと一緒に炒めるやり方もありますが、単独で炒めてスープの仕上がりに加えるほうが、香ばしさの効果が出せます。

☑ 仕上がりをミキサーにかけて生クリームを加えポーチドエッグを落としたり、さらにトリュフを削りかければ、ガストロノミックな一品になります。

Gazpacho andaluz

アンダルシア風ガスパチョ

アンダルシアの夏に冷たいガスパチョは欠かせない。それは数種の野菜とニンニクとオリーブ油が入った、"飲むサラダ"。酷暑で食欲がなくても喉を通り、ビタミン豊富で、オイルとニンニクが力をつけてくれる。

ガスパチョの知名度はとても高く、世界中でさまざまなアレンジがなされている。スペインでもさまざまなつくり方があり、高級レストランでは"ひと口でおいしい（＝濃い）"ガスパチョを出すが、本来はしゃばしゃばと薄く、麦茶のようにゴクゴクと飲むものだ。食事であると同時にドリンクでもあるわけだが、とはいえあくまでもスープ。土台には「パン、ニンニク、水」というスペインのスープの基本形がある。

#アンダルシア
#野菜

[調理解説] 小西由企夫

材料（6人分）

完熟トマト … 大8個
玉ネギ … 1個
赤パプリカ … 2〜3個
キュウリ … 2½本
ニンニク … 3かけ
クミンシード … 大さじ½
塩 … 適量
赤ワインヴィネガー … 40ml
水 … 700ml
バゲット（薄切り）… ½本分
ピメントン（甘口）… 大さじ1強
E.V.オリーブ油 … 250ml
ガーニッシュ（すべて小角切り）… 各適量
　├ トマト
　├ 玉ネギ
　├ ピーマン
　├ キュウリ
　└ バゲット

1　野菜をざく切りにする。

2　モルテーロでニンニク、クミン、塩をつぶし、赤ワインヴィネガーを加えて混ぜる。

3　1〜2を合わせ、水を加えて冷蔵庫にひと晩置く。

4　バゲットを水に浸してふやかし、絞ってピメントンをまぶす。

5　3と4をミキサーにかける。液状になったらE.V.オリーブ油を少しずつ加えながらさらに回し、乳化させる。シノワで漉し、冷蔵庫にひと晩置く。

6　5を器によそい、ガーニッシュを添えて提供する。

Note

☑ 現地で学んだのがこのレシピ。材料を合わせて1日ねかせ、ミキサーにかけてさらに1日ねかせるので、食べるまでに3日かかります。じっくりねかせることで、味と香りの一体感が確実に高まります。

☑ スペインのキュウリ（水分が少ない）に似ているのが加賀太キュウリ。出回る時季にはこれを使っています。

Ajo blanco

アホ・ブランコ

「白いニンニク」という名の冷製スープ。アーモンドとニンニクとオリーブ油が主材料で、暑い夏に体力を補ってくれるパワースープ。ここでは干しブドウを使っているが、生のブドウを浮かべることも多い。

\# アンダルシア
\# アーモンド

[調理解説] 小西由企夫

材料 (約2人分)

アーモンド (生/スライス)…160g
松の実…40g
ニンニク…2かけ　水…550ml
バゲット (白い部分)…½本分
塩…適量
シェリーヴィネガー…30ml
E.V.オリーブ油…100ml
浮き実
　　ローストアーモンドスライス
　　リンゴ (角切り)
　　干しブドウ (シェリーに浸けてもどす)

1　アーモンド、松の実をひたひたの水 (分量外) にひと晩浸ける。

2　1をミキサーに入れ、モルテーロでつぶしたニンニクと水を加えて回す。バゲット (水に浸して絞る)、塩、シェリーヴィネガー、E.V.オリーブ油を加えてさらに回す。ひと晩冷蔵庫でねかせる。

3　漉す。スープ皿に流し、浮き実をのせて提供する。

Note

☑このレシピはレストラン向けで、松の実を加えたのはリッチな風味を出すためで、アーモンドの量も多めです。地元ではより水分の多い薄い仕上がりが普通です。

Salmorejo

サルモレホ

コルドバの名物料理。ガスパチョに似ているが、野菜はほぼトマトのみ
でつくること、よりもったりとクリーミーに仕上げることが特徴で、か
なりの量のパンを使う。"飲む"というよりは"食べる"スープで、このひ
と皿で軽い食事にもなる。

#アンダルシア
#野菜

[調理解説] 小西由企夫 ─────────────

材料（約4人分）

完熟トマト（ざく切り）… 大8個
玉ネギ（ざく切り）… ¼個
ニンニク … 2かけ
バゲット（白い部分）… 1本分
シェリーヴィネガー … 30ml
水 … 150ml
E.V.オリーブ油 … 200ml
塩 … 適量
浮き実
　固ゆで卵（くし形切り）
　生ハム（骨に近いかたい部分の小片切り）

1　トマト、玉ネギ、ニンニク、バゲット（水に浸して絞る）をミキサー
　　に入れ、シェリーヴィネガーと水を加えて回す。ドロドロになった
　　らE.V.オリーブ油を少しずつ加えながらさらに回し、乳化させる。
　　塩で味をととのえる。

2　スープ皿（またはカスエラ）に流し、浮き実をのせて提供する。

Note
☑日本人がイメージするスープとは
　少々違う、「トマトのパンがゆ」的
　料理です。なお、ヴィネガーの量は
　トマトの甘みに応じて調整します。

Crema de lentejas

レンズ豆のクレマ

豆の煮込みはスペインの基本的な家庭料理だ。ここではアビラ風の素朴なレンズ豆の煮込みをクレマに仕立てる。なお「クレマ」は、クリーミーな豆や野菜のピューレを指す。日本人がイメージするポタージュよりも濃度があり、もったり、どろりとした状態に仕上げる。

#カスティージャ・イ・レオン
#豆

[調理解説] 前田庸光 ─────────────

材料

ベースのピューレ（約10人分）

レンズ豆…300g（乾燥で）
ニンニク…15g
玉ネギ（粗みじん切り）…80g
ニンジン（粗みじん切り）…70g
赤パプリカ（角切り）…80g
トマト（すりおろし）…1個
ローリエ…1枚
鶏のカルド（p.201）…1300ml～

仕上げ（1人分）

ベースのピューレ…150ml
鶏のカルド…50～100ml
生クリーム…10～20ml
チョリソのフレーク*…適量
E.V.オリーブ油…適量

＊チョリソ（乾燥熟成タイプ）をみじん切りにしてカリカリになるまでオーブンで焼いたもの。

1　レンズ豆を15分間ほど水に浸し、ザルにあげる。

2　鍋にオリーブ油を引いてニンニク、玉ネギを炒める。ニンジン、赤パプリカを加え、しんなりしたらトマトのすりおろしを加える。水分が飛んだら1、鶏のカルド、ローリエを加える。沸騰したら弱火にして、豆がやわらかくなるまで煮る【A】。

3　2を（必要ならカルドを足して）ハンドブレンダーで攪拌してピューレにする【B】。

4　注文が入ったら人数分のピューレを鍋にとり、適量の鶏のカルド（状態に応じて量を調整）を加えて温める。ハンドブレンダーで混ぜ、さらに生クリームを加えながら攪拌する【C】。塩で味を整える

5　スープ皿に流し、チョリソのフレークを散らす。E.V.オリーブ油を回しかける。

A

B

C

> *Note*
> ☑郷土料理ではレンズ豆を煮る際にパンセタや生ハムをよく加えますが、ここでは豆の風味をストレートに生かしたいので、あえて野菜だけで煮て、最後にカリカリに焼いたチョリソをトッピングしています。

Crema de alcachofa

アーティチョークのクレマ

アーティチョークの風味をダイレクトに味わうスープ。だし類は使わず、野菜の旨みをシンプルに、効率よく引き出して最後にバターでコクをつける。野菜と水の量のバランスが鍵。

#ナバラ
#野菜

[調理解説] 本多誠一 ─────────────────

材料（5人分）

アーティチョーク（マモーレ）
　…350g
ポロネギ（小角切り）…80g
オリーブ油…適量
イタリアンパセリ…少量
バター…10g
生クリーム…50g
アーティチョーク
　薄切りの素揚げ…適量
塩…適量
E.V.オリーブ油…適量

1　アーティチョークの先端と外側のかたい葉を切りはずす。

2　鍋にたっぷりのオリーブ油を引いてポロネギを炒める【A】。

3　1のアーティチョークを軸とガクに分けて薄切りし【B】、すぐに鍋に加え、炒め始める【C】。
　＊切り口からすぐに酸化が始まるので、切ったら間髪をいれずに鍋に入れ、炒めていく。

4　しんなりしたら、沸かした湯をひたひたに加え、約5分間煮る【D】。イタリアンパセリ、バター、生クリームを加えて1分間加熱して【E】、塩で味をととのえる。

5　4をミキサーに約3分間かけてなめらかなピューレにし、網で漉す【F】。温めてスープ皿に盛り、素揚げしたアーティチョークをのせる。E.V.オリーブ油を数滴落とす。

A　B　C
D　E　F

Note

☑ かさ高く、スジも多いアーティチョークを煮るには相応の水量が必要ですが、大きな鍋では水が余分に必要で、結果的にだしが薄くなってしまう。小ぶりの鍋、ひたひたの水量で煮出します。適正なサイズの鍋を選ぶことが最大のポイント。

Cocido madrileño

コシード、マドリード風

Cocido madrileño

コシード、マドリード風

コシードは「煮たもの」という意味で、豆とまるごと野菜と豚肉加工品を水からゆっくりとゆでた料理。最初に、澄んだスープにパスタを浮かべてサービスし、それを食べた後、野菜と肉を皿に盛ってサービスする。家族が集まって食べるハレの料理であり、地方によってはクリスマスの料理でもある。豪華な具材に目を奪われるが、じつはスープのおいしさが本来の主役。スープの香りが大切なので、いわゆるシチューとは異なり、できあがりをねかせるものではない。

なお、豚肉加工品と豆と野菜をゆで合わせたスープ料理はポトフをはじめヨーロッパ全般にある。スペインのコシードは材料と一緒に生ハムの骨を煮出すことが多い。これが入ると、独特の香り高さ、風味の奥行きが生まれる。

スペイン国内においても、地域や家庭によって材料や給仕方法にそれぞれのスタイルがあり、地方によっては呼び名も変わる（カタルーニャではエスクデージャと呼ぶ）。具材構成は大きくは変わらないが、使用する豆とソーセージ類に地方色があり、特有の風味をもたらす。マドリードのコシードには必ずガルバンソ豆を使う。

#全土
#これはマドリード
#肉、豚肉加工品
#豆
#野菜

［調理解説］小西由企夫 ────────────

材料（4〜5人分）

肉類
　丸鶏…½羽
　塩豚（自家製豚もも肉の塩漬け
　　／ひもで縛る）…500g
　パンセタ
　　（豚ばら肉の塩漬け加工品）
　　…180g
　仔牛すね肉（ひもで縛る）…300g
　豚足…2本
　生ハム骨…こぶし大1カット
ガルバンソ豆（ひと晩水に浸ける）
　…300g（乾燥）
ローリエ…2枚
塩…適量
a
　キャベツ…¼個
　玉ネギ（皮をむく）…1個
　ニンジン（皮をむく）…1本

　セロリ（半分に切る）…2本
　ポロネギ（半分に切る）…1本
　トマト（半分に切る）…3個
　ニンニク（つぶす）…2かけ
　クローブ（玉ネギに刺す）…2本
b
　カブ（皮をむく）…2個
　サヤインゲン（束ねる）…120g
　ジャガイモ
　　（メークイン／皮をむく）…2個
ペロタ
　合い挽き肉…400g
　サルチャ（生ソーセージ
　　／中身をほぐす）…160g
　ゆで米…60g
　玉ネギ（みじん切り）…150g
　塩…適量
　薄力粉…適量

モルシージャ…1本
チョリソ…2本
カッペリーニ（短く折ってゆでる）
　…適量

1 広口の大鍋に鶏、塩豚、パンセタ、仔牛すね肉、豚足、生ハム骨、ガルバンソ豆（木綿の布袋に入れる）を入れて、かぶる程度まで水を張る【A】。ローリエを入れて火にかけ、沸騰したらアクを除き、材料aを加え、弱火で煮出す【B】。

2 加熱開始から約30分後、材料bを加える【C】。
＊すべての具材が「煮くずれず、ベストのやわらかさ」に同時に仕上がるよう、必要加熱時間を考え、時間差をつけて鍋に入れる。

3 ガルバンソ豆に火が通ったら（加熱開始から約45分後）取り出し、スープに塩を加える【D】。

4 ペロタをつくる。薄力粉以外の材料を練り合わせ【E】、手のひら大の紡錘形に整える。薄力粉を薄くまぶし【F】、180℃の油で表面がこんがりと色づくまで揚げ、油をきる【G】。

5 3の鍋から、火が通ったサヤインゲンを取り出す。モルシージャ、チョリソ、ペロタを加え【H】、さらに約15分間煮て、火を止める。
＊最後に加えるモルシージャ類が、仕上がりの香りのポイントになる。

6 具材を取り出し、スープを漉す。
＊具は肉、野菜別にバットなどに入れ、スープを張っておく。

7 スープを温め、ゆでたカッペリーニを加えて味をととのえ、スープ皿によそって提供する。肉類（切り分ける）、野菜別に、スープの中で温めて皿に盛り合わせる。

Note
☑ペロタを他の肉と一緒に煮るやり方もありますが、長く煮るとパサつくので、私は全体の仕上がりの少し前に鍋に入れ、ジューシーに煮上げています。ちなみにカタルーニャでは、大きなペロタが主役と言ってよいほどエスクデージャに欠かせない存在です。

☑煮出し用の生ハム骨には、セラーノの骨を使用。イベリコでは個性が強く出すぎるように思います。

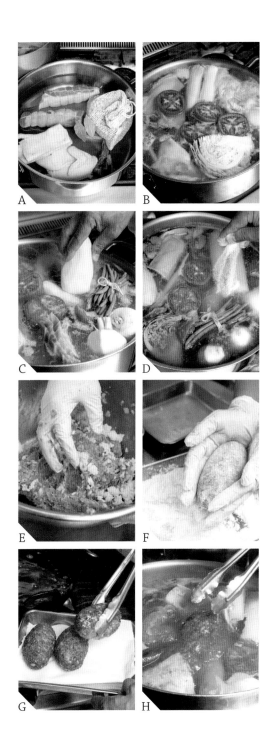

A　B　C　D　E　F　G　H

Olla barrejada

オジャ・バレハーダ：
カタルーニャ風、豚と野菜と豆のスープ

ハレの日の料理であるコシードには、残りものでつくる派生料理がつきものだ。カタルーニャではコシードのことを「エスクデージャ」と呼ぶが、肉類の残りはほぐしてカネロニに仕立てるのが定番。ここで紹介する「オジャ・バレハーダ」（言葉の意味は"ごった煮"）も、元々はエスクデージャの残りものをひとつの鍋で煮合わせたものだという。オジャ・バレハーダを一からつくる場合、材料はエスクデージャとほぼ同じだが、上品な澄んだスープは目指さずに、具材を強火で煮立てて旨みを一気に引き出す。最後は肉と野菜を細かくきざんでスープに戻し、ゆで米やパスタも加えてワンプレートのスープ料理に仕上げる。いわばカジュアル版のエスクデージャだ。

#カタルーニャ
#肉、豚肉加工品
#豆
#野菜
#コシード
#エスクデージャ

[調理解説] 小西由企夫 ────────────

材料（12人分）

肉類
- 丸鶏…½羽
- 塩豚（自家製豚バラ肉の塩漬け／ひもで縛る）…500g
- 豚足…2本
- 豚耳…2枚
- 生ハム骨…こぶし大1カット

a
- 玉ネギ（皮をむく）…1個
- ニンジン（皮をむく）…½本
- ニンニク（半割、芯を除く）…2かけ
- ジャガイモ（メークイン／皮をむく）…2個
- ガルバンソ豆（ひと晩水に浸ける）…350g（乾燥で）
- 白インゲン豆（ひと晩水に浸ける）…350g（乾燥で）
- ローリエ…2枚
- クローブ（玉ネギに刺す）…2本
- オリーブ油、塩…各適量

b
- キャベツ（色紙切り）…½個
- ポワロー（色紙切り）…2本

ソーセージ
- チョリソ…大1本
- モルシージャ…2本
- ブティファラ…1本

ペロタ（1個約5g）
- 合い挽き肉…200g
- サルチチャ（生ソーセージ／中身をほぐす）…80g
- 玉ネギ（みじん切り）…80g
- 米（ゆでる）…30g
- 塩…適量

- カッペリーニ（短く折ってゆでる）…適量
- ゆで米…適量
- イタリアンパセリ（みじん切り）…適量

1 肉類、材料 a、豆類（それぞれ木綿の布袋に入れる）を
大鍋に入れて水を張る。塩、オリーブ油、ローリエ
を加えて強火にかける【A】。沸いたらアクを除き、
吹きこぼれずに沸いている状態を保ち【B】、煮る。
＊スープはしだいに白濁する。ジャガイモが煮くずれて
もよい。

2 火が通った順に豆袋、野菜、肉を引き上げる。鶏は
身をほぐし、塩豚、豚耳、豚足は角切りにする【C】。
ニンジンも角切りにする。
＊土ネギは取り出したまま使わない。

3 スープに材料 b、ソーセージ類を入れて煮る【D】。
2で細かく切った材料と豆も戻し入れる【E】。ソー
セージ類は火が入ったら取り出して切り分けておく。

4 野菜に火が入ったらレードル2杯分（豆やジャガイモ
などの具材と煮汁）をすくってモルテーロに入れ、す
りこ木でつぶす【F】。鍋に戻してよく混ぜ【G】、
火を止める。
＊とろみづけのため。仕込みでこの段階まで煮ておく。

5 ペロタをつくる。材料を練り合わせ、小さなボール
状にする。

6 提供時に人数分を鍋に取り分け、火にかける。ペロ
タ、ソーセージ類を加えて温める【H】。ゆでた米
とカッペリーニも加え、塩で味をととのえる。

A　　　　B

C　　　　D

E　　　　F

G　　　　H

Note
☑オジャ・バレハーダのポイントは強火
で煮立てること。だからスープは白濁
しています。

☑最後に具材の豆の一部をつぶしてスー
プに濃度づけするのは、豆料理でよく
使われるテクニックです。

ESTOFADOS

煮る
煮込む

Callos a la madrileña

カジョス：牛胃袋の煮込み、マドリード風

Fricandó
フリカンド

Callos a la madrileña

カジョス：牛胃袋の煮込み、マドリード風

カジョスがイタリアの「トリッパの煮込み」と違うのは"トマト煮込みではない"こと。トマトも使うとはいえ爽やかな香りを加える程度の量で、風味と色のベースはあくまでピメントンなのだ。そのコクが内臓のクセをカバーしながら旨みを引き立てる。煮汁はさらっとして、意外なほどさっぱりとしているのが特徴。またトマトを使わない人もいるし、（内臓が超新鮮な場合に限るが）ピメントンさえ加えない"澄んだカジョス"もある。一方、ピメントンのほかにクミンも加えてエキゾチックな香りに仕立てるスタイルもある。カジョスのつくり方はいろいろあるが、基本的には次の段取りをふむ。

①ハチノスを香味野菜とともにやわらかくなるまで煮る（ゆでる）。
②いったん漉す。スープは取り置き、ハチノスは切り分ける。
③玉ネギ等でソフリートをつくり（マドリード風ではラードを使用）、ピメントンで香りづけする。
④切り分けたハチノス、ソフリート、スープを合わせて煮込む。

#マドリード　#豆
#内臓　#ソフリート
#豚肉加工品

[調理解説] 小西由企夫

材料（約20人分）

a
牛ハチノス … 2kg
牛ミノ … 2kg
牛大腸（シマチョウ）… 2kg
豚足* … 2本（約2kg）
生ハムの骨（セラーノ）
　… こぶし大1カット
ガルバンソ豆（ひと晩水に浸ける）
　… 500g（乾燥で）
b
ニンジン（皮をむく）… 1本
玉ネギ（皮をむく）… 1個
ニンニク（半割／芯を除く）
　… 2かけ
タカノツメ … 3本
黒粒コショウ … 大さじ1
クローブ（玉ネギに刺す）… 2本
ローリエ … 2枚

ラード … 260g
オリーブ油 … 70ml
ニンニク（みじん切り）… 80g
タカノツメ … 3本
玉ネギ（みじん切り）… 750g
ピーマン（みじん切り）… 250g
生ハム（セラーノ・芯／角切り）
　… 100g
ピメントン（辛口）… 15g
ピメントン（甘口）… 35g
薄力粉 … 80g
白ワイン … 400ml
仕込み置きトマトソフリート（p.198）
　… 360ml
モルシージャ（輪切り）… 適量
チョリソ（輪切り）… 適量

＊本来は仔牛の足を使う。日本では入手
しづらいので豚足で代用。

1　材料aを水からゆで、沸いたらザルにあげる。よく
　　水洗いして水をきる。

2　1、生ハム骨、ガルバンソ豆（木綿の布袋に入れる）、
　　材料bを広口鍋に入れてひたひたに水を張り、火に
　　かける。沸騰したらアクを除き、弱火にしてゆでる
　　【A】（1時間半〜2時間）。

3　その間に、ソフリートをつくる。鍋にラードを溶か
　　し【B】、ニンニク、タカノツメ、玉ネギ、ピーマ
　　ンを加えて中火で炒める【C】。玉ネギが透明になっ
　　たら生ハム、ピメントンを加えて軽く炒め【D】、
　　薄力粉をふり入れ、混ぜる【E】。粉気が抜けたら
　　白ワインを加えて煮立て、トマトソフリートを加え
　　て軽く煮る【F】。

4　ガルバンソ豆がやわらかくなったら、2の鍋から取
　　り出す。煮汁に塩を加える【G】。内臓がやわらか
　　くなったら引き上げ【H】、それぞれひと口大に切
　　り分ける。スープを漉して別鍋に移す【I】。
　　＊豆を取り出した後に、スープを調味する。

5　4のスープに3のソフリートを加え【J】、しっか
　　りと混ぜる。切り分けた内臓と豆を戻し【K】、約
　　30分間煮る。塩で味をととのえて火を止める【L】。

6　注文が入ったら1人分をカスエラに入れ、カットし
　　たモルシージャとチョリソを加えて温める。

Note

☑仕込み置きのトマトソフリートを使わな
　い場合は、材料の玉ネギとピーマンの
　量を1.5倍にして炒め煮に約1時間ほど
　かけたうえで、ホールトマト（缶）600g
　を加えて、さらに約20分間煮込むとよい。

☑家庭では、チョリソ類を手順5で加えて
　一緒に煮込むことが多いと思います。長
　く煮込むと香りは溶け込む一方、パサパ
　サになってしまうので、ここでは仕上げ
　時に加えてさっと温めています。

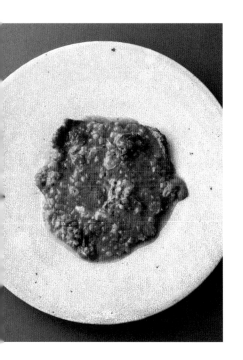

Fricandó

フリカンド

カタルーニャの秋を代表するシチュー料理。仔牛または牛肉の薄切りを天然キノコとともに煮込んだものだ。肉は必ず薄切りにするのが伝統で、最後はピカーダを加えて仕上げる。フレッシュの天然キノコを使うのが一番のご馳走だが、スペインでも日常的には乾燥キノコもよく使う。ここでは乾燥を使って紹介する。ちなみに、キノコの代わりにナスを使うバージョンもある。

また、本来この煮込みに欠かせないのが、カタルーニャ文化圏伝統のランシオワイン（酸化熟成タイプのワイン）。心地よいひね香と甘みとトースト香が秋らしい風味を引き立ててくれる。代用には、ブランデーまたはアモンティリャードを使うとよい。

#カタルーニャ
#牛肉
#ソフリート
#ピカーダ

［調理解説］ホセ・バラオナ・ビニェス ─────────

材料（4人分）

牛ミスジ肉…500g
塩、コショウ、薄力粉…各適量
乾燥ペレチコ茸*
　（または乾燥ポルチーニ茸）
　　…1つかみ
オリーブ油…適量
a
　｜ニンニク（みじん切り）…1かけ
　｜玉ネギ（みじん切り）…大1個
　｜ニンジン（みじん切り）…小1本
ランシオワイン**（またはブランデー）
　　…100ml
b
　｜トマト（すりおろす）…1個
　｜カットトマト（缶）
　　　…大さじ山盛り2
　｜タイム…軸3本
　｜ローリエ…1枚
鶏のカルド（p199）…500ml〜

ピカーダ
　｜ローストアーモンド…6〜7粒
　｜ニンニク（芯を除く）…½かけ
　｜イタリアンパセリ…適量
　｜塩…適量

＊スペイン産の天然キノコ（和名はユキワリ）。
＊＊酸化熟成タイプのワイン。カタルーニャ語でビランシ（viranci）という。赤と白があり、ここでは白を使用。

煮汁を分けてミキサーにかけ、ソースとして仕上げることも可能。

1 乾燥キノコはひと晩水に浸けてもどしておく【A】。
   ＊フレッシュの天然キノコがあれば使うとよい。

2 牛ミスジ肉は1枚60〜80gの薄切りにする。両面に
   塩、コショウをふり、包丁の腹で叩いて薄くのばす
   【B】。薄力粉を両面に薄くつける【C】。

3 鍋にオリーブ油をたっぷりと引いて熱し、肉を並べ、
   肉汁が出てきたら裏返し、さっと焼き固めて取り出
   す【D】。
   ＊肉は重ねずに並ぶ枚数単位で、順々に焼く。最終的に
   油に肉の旨みが移る。

4 3の鍋に材料aを入れ、弱火でじっくり炒めて(15
   〜20分間)旨みを引き出す【E】。

5 中火にしてランシオワインを加える【F】。アルコー
   ルを飛ばし、材料bを加えて約5分間煮る【G】。3
   の肉を戻し、鶏のカルドを加える【H】。1とそのも
   どし汁を加え、沸いたら火を弱めて蓋をし、煮込む
   (45分間〜)【I】【J】。

＊途中、肉から落ちて沈んだ小麦粉が焦げないよう、10
分おきに鍋をつかんで揺する。水分が足りなくなってい
たら、カルドまたは水を足す。

6 ピカーダの材料をモルテーロに合わせ、すりこ木で
   つぶす【K】。

7 5の煮え具合を確認して、ほぼ仕上がっていたらピ
   カーダを加えてさらに5分間煮る【L】。味見して、
   必要なら塩を加える。ひと晩ねかせてから提供する。
   ＊ピカーダを加えたら、ニンニクに火が入るまで軽く煮る。

Note
☑ フレッシュの天然キノコを使う場合
   は、ものによって生のまま、あるい
   は軽く炒めてから煮込みの最後に加
   えます。ナスを使う場合は、ステ
   ィックに切って、塩と薄力粉をまぶ
   して揚げてから最後に加えます。

Rabo de "toro"

牛テールの煮込み、シェリー風味

本来は闘牛用の牛テールでつくる、アンダルシアの伝統料理。フランス料理の牛テール煮込みは赤ワインを使うが、こちらはフィノ、つまり（シェリータイプの）白ワインを使う。華やかな香りが脂肪やゼラチン質になじみ、しっとりとナチュラルに仕上がる。ポテトフライを添えるのが定番スタイルだ。

#アンダルシア
#牛肉
#ソフリート

［調理解説］小西由企夫

材料（8人分）

牛テール（掃除する）… 2本分（約3kg）
｜ローリエ（下ゆで用）… 2枚
オリーブ油…300ml
薄力粉…150g　ピメントン（甘口）…45g
ニンニク…5かけ
黒粒コショウ…大さじ2
玉ネギ（薄切り）…750g
ニンジン（薄切り）…400g
ポロネギ（薄切り）…140g
フィノ（モンティージャ・モリレス*）…約500ml
仕込み置きトマトソフリート（p198）…270ml
ローリエ…2枚　クローブ…2本
サフラン…少量　塩…適量
ポテトフライ　パセリ（みじん切り）

*今回はコルドバ風としてモンティージャ・モリレス産のフィノを使用。ヘレス産（シェリー）のフィノを使ってもよい。

1　牛テールを230g程度に切り分け、ローリエとともに水から下ゆでする【A】。沸騰後、約3分間で引き上げる。

2　ピメントンを薄力粉に混ぜる【B】。牛テールの水気を除き、塩をふって粉を薄くまぶしつけ、油で揚げて表面を固める【C】。網にあげて油をきる。

3　広口鍋にオリーブ油を引いて、ニンニク、黒コショウを炒め、玉ネギ、ニンジン、ポロネギを加えて炒める。2の粉を（ふるいにかけて）約40g加え、炒めて粉気を抜く【D】。

4　その上にテールを並べ、フィノ、トマトソフリートを加える【E】【F】。肉がひたひたに液体に浸かるよう水を足す。ローリエ、クローブ、サフランを加え【G】、沸騰したら塩を加え、蓋をして190℃のオーブンで約2時間煮込む【H】

5　煮汁をムーランで漉し、肉をソースに浸けて保管する。提供時に人数分の肉をソースで温める。ポテトフライ（解説略）を皿に盛り、肉を盛ってソースをかける。パセリをのせる。

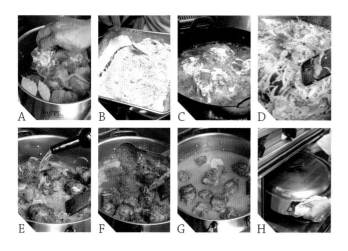

A　B　C　D

E　F　G　H

Note

☑テールの表面を揚げ焼きして固める前に、いったんゆでています。煮汁を濁らせるアク（＝血）抜きのため。

☑ポイントは、テールにまぶす薄力粉にピメントンを混ぜること。臭みがカバーされ、香ばしさが加わります。

Albóndigas con sepia

ミートボールとスミイカの煮込み

カタルーニャには昔から肉と魚介を一緒に使う料理がある。「マル・イ・モンターニャ（海と山）」と呼ばれる食のコンセプトで、海岸近くまで山が迫り、食材が豊富で、かつ進取の気性に富んだ土地柄ならではの伝統だ。代表料理のひとつがこれ。肉とイカの旨みが交わり、相乗効果のコクが生まれる。エビやアンコウでも。

#カタルーニャ
#肉
#魚介
#ソフリート
#ピカーダ

[調理解説] ホセ・バラオナ・ビニェス ─────────────

材料（7〜8人分）

スミイカ…600g（正味300g）
ミートボール 約1kg

| 豚挽き肉…500g
| 牛挽き肉…300g
| イカ（身の薄い部分／みじん切り）…50g
| パンセタ（小角切り）…40g
| 玉ネギのソフリート（p.199）…50g
| ニンニク（みじん切り）…2かけ
| 全卵…2個
| 食パン（牛乳に浸して軽く絞る）…1枚
| 牛乳…適量（約100ml）
| イタリアンパセリ（みじん切り）
| 塩、黒挽きコショウ…各適量

薄力粉…適量　オリーブ油…適量
鶏のカルド（p.199）…250ml
玉ネギのソフリート…大さじ2
カットトマト（缶）…大さじ3
a

| 鶏のカルド…300ml
| 魚介のカルド（p.199）…300ml
| フォン・ド・ヴォー…50〜100ml（好みで）

ピカーダ

| ローストアーモンド…12粒
| ローストヘーゼルナッツ…7〜8粒
| ニンニク（芯を除く）…1かけ
| イタリアンパセリ、塩…各1つまみ

1　ミートボールの材料をボウルに合わせ、よくこねる。
　　＊このとき、ごく少量をソテーして実際に食べ、塩気を確認する。

2　1個約30gのボールにまとめ、薄力粉を薄くまぶす。多めのオリーブ油の中で転がしながら表面を色づけ、網にとる【A】。
　　＊肉の中心まで火を入れない。

3　スミイカを掃除してひと口大に切り分ける。ワタを取り置く。

4　2で使った油を別鍋に少量入れて熱し、沸いたらスミイカに塩をふってさっとソテーする【B】。鶏のカルドを加えて煮る【C】。

5　水分がほぼ煮詰まったら、玉ネギのソフリート、カットトマトを加え【D】、混ぜる。材料aのカルド類とミートボールを加え【E】、沸いたらイカのワタも加えて【F】、弱〜中火で煮込む（約40分間）。
　　＊煮上がった状態で、ひと晩置く。

6　5を温める。ピカーダの材料をモルテーロに入れて、すりこ木でつぶす【G】。鍋に加えて5分間煮る【H】。塩で味をととのえ、火を止める。

A　B　C　D
E　F　G　H

Note
☑ 肉系の煮込み料理は1日ねかせるのがベストで、とくにこの場合はねかせることで肉と魚介の風味がひとつになり味の深みが生まれます。

Cordero al chilindrón

仔羊のチリンドロン

チリンドロンはスペイン北部地方（ナバラ、ラ・リオハ、バスク、アラゴンの一部）でとてもポピュラーなシチュー料理。メイン素材には仔羊を使うことが一般的で、現代では鶏肉やウサギの場合もある。地域によってそれぞれレシピのこだわりがあるが、いずれも北部スペイン特産の乾燥ピーマン、チョリセロ(p.19)を風味とコクがベースになる。

#ナバラ
#仔羊
#ソフリート

[調理解説] 小西由企夫

材料（約4人分）

仔羊後脚＊…1本
ニンニク（みじん切り）…4かけ
玉ネギ（みじん切り）…1個
ピーマン（みじん切り）…4個
赤パプリカ（みじん切り）…1個
ピメントン（甘口）…20g
チョリセロ（乾燥）＊＊…4個
オリーブ油…100ml
ホールトマト（缶）…500ml
鶏のカルド(p.198)…1.2L
マッシュポテト

＊今回は乳飲み仔羊の後脚を使用。
＊＊乾燥チョリセロがない場合は以下どちらかの方法に代える。A）ペースト（加工品）大さじ2〜3で代用。B）ピメントンの量を40gに、赤パプリカの量を2個に増やす。

1 チョリセロをひと晩水に浸してもどしておく。切り開いて果肉をこそげ取る。もどし汁は取り置く。

2 仔羊の後脚を5〜6cmにぶつ切りにする。

3 オリーブ油でニンニクを炒めて香りを出す。ここに2の肉を入れて表面を焼き固め、取り出す。

4 この油で玉ネギ、2種のピーマンを中火で炒めて（約7〜8分間）充分に旨みを引き出す。肉を戻し、ピメントン、チョリセロの果肉を加えて軽く炒め合わせ、すぐにホールトマト、チョリセロのもどし汁、鶏のカルドを加える。沸騰したらアクを除いて火を弱め、煮込む（約45分間）。塩で味をととのえる。

5 皿に盛り、マッシュポテト（解説略）を添える。

Note
☑部位として後脚肉のほか肩肉もよく使われます。

☑風味の鍵であるチョリセロには、ペースト製品もありますが、乾燥をもどして使うとぐっと香りが高まります。乾燥品がない場合は、レシピ補注のように代用してください。

☑レストラン風に、野菜はみじん切りにしていますが、家庭料理では細長く切って「肉と野菜のシチュー」に仕上げます。

Patatas a la riojana

リオハ風ジャガイモの煮込み

ジャガイモとチョリソを煮込んだ、"スペイン版肉じゃが"風のお惣菜料理。北スペイン特産の乾燥ピーマン、チョリセロ(p.19)を使うことで独特の香り高さ、コクが生まれる。チョリセロがない場合はピメントンの量を増やす。

#リオハ
#ジャガイモ
#腸詰
#ソフリート

［調理解説］**本多誠一** ─────────

材料（2〜3人分）

ジャガイモ（男爵）… 3個
チョリソ… 200g
玉ネギ（小角切り）… 1個
ピーマン（小角切り）… 1個
ニンニク（芯を除く）… 2かけ
ピメントン（甘口）… 大さじ½
チョリセロのペースト＊… 25g
タカノツメ… ½本
ローリエ… 1枚
熱湯… 800ml　塩… 適量

＊チョリセロのペーストがない場合は、
ソフリートの野菜に赤パプリカ1個を
加えて風味を補う

1　ジャガイモの皮をむき、ペティナイフでひと口大のかけらに割り取る【A】。
　　＊カットせずにランダムに割り取る（この形をカチェーロという）。ギザギザの断面から煮汁がしみ込みやすくなり、煮汁にはとろみがつきやすくなる。

2　チョリソの皮を除き、約1cm幅に切る。

3　鍋にオリーブ油を引き、玉ネギを炒める。透き通ったらピーマンを加えて10分間程度炒める【B】。

4　ニンニク、チョリソを加えてざっと混ぜ、ピメントン、チョリセロのペースト【C】、タカノツメを加えて軽く炒める【D】。香りが出たらジャガイモを加える【E】。
　　＊チョリソのパプリカ風味が強い場合は、ピメントンの量を少し減らす。

5　すぐに熱湯を加え、ローリエ、塩を加えて20〜30分間煮込む【F】。

Note

☑ 煮込み用の水は必ず熱湯にして加えます。ピメントンを炒めたところに常温の水を加えると、せっかくの香ばしさが閉じてしまいます。

Gazpacho manchego

ガスパチョ・マンチェゴ：ラ・マンチャ風ガスパチョ

「ガスパチョ」といっても冷たいスープではなく、温かい煮込み料理（じ
つはガスパチョにはいろいろな料理の形がある。いずれもパン、ニンニク、オリー
ブ油を使う）。このガスパチョは家禽やウサギを煮込んだシチューで、煮
上がり間際にトルタと呼ばれるクラッカーのような薄焼きパンをかなり
大量に加えるのが特徴だ。仕上がりはどろりとした状態。煮汁と、ふや
けてパスタのようになったトルタとが渾然となったところを食べる。

#カスティージャ・ラ・マンチャ
#家禽
#ソフリート

材料（3〜4人分）

ウサギ骨付き肉…400g

ウサギのレバー…40〜50g

ウズラ…2羽

ニンニク（みじん切り）…1かけ

玉ネギ（みじん切り）…1個（約200g）

ピメントン（甘口）…7g

トマト（すりおろす）…1個

白ワイン…200ml

ローズマリー…軸3本

タイム…軸6本

鶏のカルド（p.200／煮込み用）…1.5L

鶏のカルド（仕上げ用）…400ml

トルタ…60〜70g

ローズマリーの葉（仕上げ用）
　…軸1本分

塩…適量

トルタ（つくりやすい量）

薄力粉…100g

塩…1〜2g

水…60g

1　ウサギ（腕肉、もも肉、背肉など）を1ピース約50g（骨付き）にぶつ切りする。ウズラは1羽を4等分する。

2　鍋にオリーブ油を引き、肉に塩をふって表面を焼き固める。色づけて取り出す【A】。

3　この鍋にニンニク、玉ネギを入れて炒める（20分間〜）。ピメントンを加え、軽く炒めてすぐにトマト、白ワインを加え、アルコールが飛んだら2の肉、鶏のカルド、ローズマリー、タイムを加えて約1時間煮る。煮込みの途中、ウサギのレバーを焼き、煮汁少量とともにミキサーにかけ、鍋に加える。

　＊煮込み中に水分が足りなければ適宜水を足す。写真は煮込み終えた状態【B】。営業では多めに仕込み、「ベース」として取り置く。

4　提供時に、ベースから人数分を鍋に取り分け、火にかける。カルドを加えて煮汁を適度にのばす【C】。沸騰したらトルタを加える【D】。新たにローズマリーの葉も加えて約15分間煮る。塩で味をととのえる。

トルタ

1　薄力粉、塩、水を混ぜてこね、ひとまとめにする。15〜30分間ねかせたのち2等分して、厚さ3mmにのばす。

2　熱した（油は引かない）フライパンで焼いて両面に焦げ目をつけてから、さらに200℃のオーブンで約5〜10分間焼く。

　＊生地を鉄板上でから焼きすることで、"かまどで焼いた"風の香ばしさを補足する。

3　冷めたらひと口大に割る。

Note

☑本来、肉は途中で細かくほぐし、最終的に肉と汁とトルタが渾然一体となった状態に仕上げるのが伝統スタイルです。ここでは肉の形状がわかるよう塊のまま煮上げています。

☑トルタがモチッとしたテクスチャーになるところがおいしいので、しっかりと乾くまで焼くことがポイント。焼きが甘いと煮込んだ時にとろけてしまいます。日本のせんべい汁のようでもあり、初めて食べる人はびっくりしますが、懐かしい素朴なおいしさが好評です。スペインの地元にはガスパチョ専用のトルタが市販されています。

  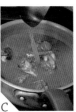 

A　B　C　D

Manitas de cerdo a la sidra

豚足のシードラ煮込み

スペインにも、大西洋岸にリンゴ酒（シードラ）の文化がある。フランス
のシードラは"やさしい甘口"のものが多いが、スペインの伝統シードラ
は酸味がかなり強い。甘みや炭酸ガスを添加せずに完全発酵させてつく
る（シードラ・ナチュラル）ためで、素朴で溌剌としたフレッシュ感がある。
主産地はアストゥリアス州とバスク州ギプスコア県で（バスクはより酸味
が強い傾向）、どちらにもシードラを使った料理があり、リンゴ由来の香
りと酸味がワインとは異なるニュアンスを与えてくれる。
これは、リンゴとトマトとシードラでつくったソースで豚足を煮た料理。
ねっとりとした豚足の旨みをリンゴの酸味と香りが引き締めてくれる。

#バスク
#豚足
#ソフリート

材料（20人分）

豚足…10本
下処理用
　ニンニク…½かけ
　玉ネギ（薄切り）…1個
　ニンジン（薄切り）…1本
　セロリ（薄切り）…1本
　ブーケ・ガルニ…1束
　白ワイン…60ml
　水…4L
ローリエ…1枚
ニンニク…大3かけ
玉ネギ（角切り）…1個
ニンジン（角切り）…1本
ポロネギ（角切り）…½本
リンゴ（約2cm角切り）…2個

シードラ…350ml
ブランデー…50ml
ホールトマト（缶）
　…600g
豚足のカルド…3L
塩、オリーブ油
　…各適量
シイタケのソテー

1　豚足：下処理用の材料とともに水から煮る。沸いたらアクを除き、ローリエを加えて弱火で約3時間ゆでる。煮汁は漉してカルド（だし）とする。骨を抜く。

2　鍋にたっぷりの油を引いてニンニク、玉ネギ、ニンジン、ポロネギを中火で炒め、しんなりしたらリンゴを加え【A】、3〜4分間炒める。

3　ブランデーを加えてアルコールを飛ばし、シードラを加えて【B】、鍋底のこびりつきをヘラでこそげながら煮詰める【C】。ホールトマト、1の豚足のカルドを加えて煮る【D】【E】（約30分間）。

4　煮上がりをミキサーにかけてピューレにし、漉す【F】。塩で味をととのえる。

5　提供時に人数分の豚足とソースを鍋に取り、軽く煮る【G】。別にシイタケをソテーして【H】ソースに加え、鍋を揺らして混ぜる。味をととのえ、皿（またはカスエラ）に盛る。

Note

☑私が働いていたサン・セバスチャンのレストラン『カサ・ウロラ』では「豚足のエレシル（ウロラ渓谷にあるリンゴで有名な村名）風」として出していました。このソースは、豚足以外にもアンコウやセープ茸など、いろいろな食材に合います。

Perdiz en escabeche

ヤマウズラのエスカベチェ

アラブのヴィネガー煮込み料理を起源とする、と言われるエスカベチェ。フランス料理では"揚げた魚の酢漬け"に限定されたイメージがあるが、スペイン料理はより源流に近い。ヤマウズラのエスカベチェはラ・マンチャ地方の伝統料理で、ヤマウズラを野菜と一緒にヴィネガーで煮込み、そのまま漬け込んだもので、古来保存食とされてきた。なおエスカベチェにする食材は肉、魚、貝類、キノコ……とさまざまで、いずれもピメントン風味だ。

[調理解説] 小西由企夫 ─────────────────

材料（2人分）

ヤマウズラ（形を整えタコ糸で縛る）
　　…2羽
ニンニク（皮付き、つぶす）…6かけ
オリーブ油…150ml
黒粒コショウ…大さじ1
タカノツメ…1本
玉ネギ（1cm幅切り）…1個
ニンジン（厚め輪切り）…½本
ポロネギ（半割、1cm幅切り）…½本
ピメントン（甘口）…大さじ½
白ワインヴィネガー…150ml
白ワイン…150ml
鶏のカルド（p.198）…300ml
a
　┌ ローリエ…2枚
　│ タイム…軸2〜3本
　└ クローブ…3本

1　ヤマウズラに塩、コショウをふる。

2　鍋にオリーブ油を引いてニンニクを色づけ、ヤマウズラを入れて表面をまんべんなく焼き固める【A】。取り出す。

3　鍋に残った油で黒粒コショウ、タカノツメをさっと炒め、玉ネギ、ニンジン、ポロネギを入れて中火で炒める【B】【C】。

4　野菜がしんなりしたらピメントンを加えて軽く炒め合わせ、すぐにウズラを戻して白ワインヴィネガー、白ワインを加える【D】。煮立てて酸味を飛ばし、鶏のカルドと材料aを加える。沸騰したら蓋をして190℃のオーブンに入れ、約40〜50分間煮る【E】。

5　肉をバットに移し、煮汁をかけてその中で2日以上ねかせる【F】。

6　提供時に、ウズラと煮汁を鍋に入れて温め、皿に盛る。

Note
☑煮上がりすぐは味がバラバラなので、酢、野菜、肉の旨みがひとつになるまで最低2日はねかせます。冷製で食べるなら4〜5日後からがベスト。冷蔵庫で2週間ほど保存できます。なお、保存食にする場合は、瓶詰にして再加熱します。

A

B

C

D

E

F

Suquet de "Houbou"

ホウボウのスケ

「魚とジャガイモのシチュー」。もとは漁師料理で、船の上で岩礁魚をごった煮にし、そのスープでジャガイモを煮て食べたものが原点だ。現代では魚のアラでおいしいスープをとり、それでイモを煮込み、魚は最後に加えてさっと煮るスタイルが一般的。サルスエラ（p.66）とは異なり魚は1種類（アンコウ、カサゴ、ホウボウなど）、具はジャガイモのみで、シンプル＆ストレートに味わう。

#カタルーニャ
#魚介
#ソフリート
#ピカーダ

［調理解説］ホセ・バラオナ・ビニェス

材料（3〜4人分）

ホウボウ…1尾（約700g大、正味約350g）
ジャガイモ（1cm厚の輪切り）…大2〜3個
ソフリート
　玉ネギ（みじん切り）…大½個
　ピーマン（みじん切り）…2個
オリーブ油…適量
トマト…1個
魚介のカルド（p.199）…500ml〜
ピカーダ
　サフラン…1つまみ
　ニンニク…1かけ
　ロースト松の実…25粒
　ローストヘーゼルナッツ…5粒
　イタリアンパセリ…軸2本分
　塩…適量

1　ホウボウをフィレにおろしひと口大にカットする。

2　ジャガイモを素揚げし、油をきる【A】。軽く塩をふる。

3　鍋にオリーブ油を引き、玉ネギとピーマンを弱火で10分間以上炒める（＝ソフリート）【B】。トマト½個分の角切りと魚のカルドを加えて【C】火力を強め、2も加える【D】。沸いたら蓋をして190℃のオーブンに入れ、約10分間煮る。

4　その間にフライパンにオリーブ油を引いて熱し、ホウボウの皮目を焼く【E】。身は焼かずに取り出す。

5　ピカーダを用意する。モルテーロに材料を入れてすりこ木でつぶす【F】。

6　3の鍋を直火にかけ、ピカーダ、トマト½個分のすりおろしを加え【G】、5分間煮る（必要なら魚介のカルドを足す）。

7　最後に4を加えて3〜4分間煮る【H】。味をととのえる。

A　B　C　D
E　F　G　H

Note

☑昔のスケには魚の身は入っていませんでした。スケとはカタラン語でスープのこと。おいしい魚のスープが主役であり、それをジャガイモに吸わせて味わう料理なのです。おいしいカルドをとること、そして汁だくに仕上げることがポイント。煮込み中に水分が足りなければ水またはカルドを足します。

☑伝統的にはジャガイモは生から煮込みます。事前に揚げるのは時間短縮のためですが、コクも加わります。

Zarzuela de mariscos

魚介のサルスエラ

サルスエラは "カタルーニャ版ブイヤベース"。もともとは骨付きの魚と甲殻類を煮合わせた"鍋もの"だが、現代のレストランでは、あらかじめ魚介のスープをとっておき、それで具材の魚介をジャストタイミングで煮るというプロセスが一般的だ。強火で一気に煮て、香りを引き立てる。

#カタルーニャ
#魚介
#ピカーダ
#アイオリ

[調理解説] 前田庸光 ────────────────────

材料（2〜4人分）

オマール … 1尾
赤エビ … 2尾
バナメイエビ（皮むき）… 8尾
メルルーサ（切り身）… 50g×2枚
イカ（輪切り）… 4枚
アサリ … 5〜6個
ムール貝 … 2個
オリーブ油、塩 … 各適量
白ワイン … 50ml
トマトソース（p.200）… 30ml
魚介のカルド（p.200）… 400ml
サフラン … 2つまみ
ピカーダ（大さじ山盛り1）

> アーモンド … 20g
> バゲット（薄切り）… 20g
> ニンニク … 2かけ
> イタリアンパセリ … 適量
> オレガノ … 適量
> 塩、オリーブ油 … 各適量

アイオリ（つくりやすい量）
全卵 … 4個
ニンニク … 40g　塩 … 10g
白ワインヴィネガー … 10ml
水 … 適量
オリーブ油 … 60g
サラダ油 … 600〜700g

Note
☑強火でわっと加熱して、生き生きとした香りに仕上げることがポイントです。イメージは「ア・ラ・ミニッツでつくるブイヤベース」。浅く広口の鍋が向くので、パエージャ鍋を使い、超高温のオーブンで一気に加熱しています。

1　ピカーダを用意する。ニンニクをオリーブ油の中で熱し、香りが出たら取り出す。この油でパン、アーモンドを揚げる。モルテーロに合わせてすりこ木でつぶす。イタリアンパセリ、オレガノ、塩を加える【A】。

2　オマールを縦半割りにする。爪は殻を叩いて割れ目をつける。

3　広口の浅鍋にオリーブ油を引き、塩をふったメルルーサの皮目を焼く【B】。焼き固まったら、他の面もさっと焼いて取り出す。

4　この鍋で赤エビ、オマールの両面を焼く【C】。白ワインを加えてアルコールを飛ばし、トマトソース、魚介のカルドを加え【D】、サフラン、ピカーダを加える【E】。

5　沸騰したら焼いたメルルーサ、イカ、貝類を加え【F】、300℃のオーブンの下段に入れる【G】。

6　5分間後に鍋をいったん直火にかけ、イカ、エビ類を裏返す（味見して必要なら塩を加える）。オーブンの上段に戻して【H】、さらに5分間加熱する。

7　鍋を取り出し、塩で味をととのえる。アイオリを添えて提供する。

アイオリ

1　油以外の材料をハンドブレンダーで混ぜる。これに、2種の油を合わせたものを少しずつ加えながら攪拌し、乳化させる。

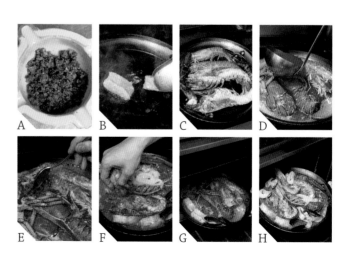

A　　　B　　　C　　　D

E　　　F　　　G　　　H

Marmitako

マルミタコ：カツオとジャガイモのバスク風煮込み

バスクではクロマグロよりもむしろ、カンタブリア海産のボニート（ビンナガ）に高い価値を置く。1年を通してオイル漬けの加工品を楽しむのだが、漁期の7月になると、生鮮のボニートとジャガイモを一緒に煮込んだマルミタコが「旬の味」として食卓にのる。夏の熱々料理で、チョリセロ（乾燥赤ピーマン→p.19）を使うことが風味のポイントだ。ここではボニートの代わりにカツオを使う。

#バスク
#魚介
#ジャガイモ

[調理解説] 小西由企夫 ─────

材料（約4人分）

チョリセロ（乾燥）＊…2個
ジャガイモ…2個
カツオ（3〜4cm角に切る）…320g
トマト（すりおろし）…3個
玉ネギ（粗みじん切り）…1個
ピーマン（粗みじん切り）…4個
ニンニク（みじん切り）…2かけ
オリーブ油…150ml
魚介のカルド（p.198）…600ml
ローリエ…1枚
塩

＊乾燥チョリセロがない場合は、以下どちらかの方法に代える。A）ペースト（加工品）大さじ1で代用。B）香味野菜に赤パプリカ1個を加え、チョリセロをピメントン10gに代える。

1 チョリセロをひと晩水に浸してもどしておく。切り開いて果肉をこそげ取る。

2 ジャガイモの皮をむき、ペティナイフを使ってひと口大のかけらに割り取る（カチェーロ→p.26手順1参照）。

3 玉ネギ、ピーマン、ニンニクをオリーブ油でじっくりと炒めて旨みを引き出す。ジャガイモも加えて軽く炒める。チョリセロの果肉を加えてさっと炒め合わせたらトマト、魚介のカルド、ローリエを加えて約15分間煮る。最後にカツオを加えて2〜3分間煮る。塩で味をととのえる。

Note

☑記載レシピと右頁写真は、その場でひと息に仕上げる"香り重視"の伝統的なマルミタコです。

☑上の写真は仕込みがきくタイプ（レストラン用）。この場合、ジャガイモをあらかじめかためにゆで、そのゆで汁でカツオをゆでてキープ。煮込みのベースは別につくっておき、注文が入ったら人数分を火にかけ、その中でカツオを軽く煮込んで仕上げます。

Chipirones en su tinta

小イカのスミ煮

バスクのチピロン（小イカ）料理の王道は、玉ネギの甘みとピーマンのコクをベースにしたマイルド風味のイカスミソース。パンと米を加えてしっかりと煮込み、ふんわりとした舌触りに仕上げて、たっぷりの量をつける。ライスを添えるケースも多い。

#バスク
#魚介

［調理解説］**本多誠一**

材料（6人分）

小ヤリイカ…30はい
玉ネギ（ざく切り）…1個
ピーマン（ざく切り）…1個
ニンニク…2かけ
オリーブ油…適量
白ワイン…50ml
ホールトマト（缶）…100g
生ハム骨…こぶし大1個
魚のカルド（p.200／または水）…1.2L
米…50g
バゲット（薄切り／トーストする）…4枚
イカスミペースト（瓶）…大さじ3
塩…適量

1 小ヤリイカの足をはずし、掃除する。胴に足を詰めて楊枝で留める【A】。

2 鍋にオリーブ油を引き、玉ネギ、ピーマン、ニンニクを中火で炒める【B】。玉ネギが透明になったら白ワインを加え、アルコールを飛ばす。ホールトマトを加え、つぶしながら軽く煮詰める【C】。生ハム骨、魚のカルドを加え【D】、沸騰したら米、バゲット、イカスミペーストを加えて【E】約30分間煮る。
  ＊イカスミペーストは煮汁が真っ黒になるまで加える。多すぎるとくどくなるので注意。

3 2を（骨は取り除く）ミキサーにかけてピューレ状にする。網で漉す【F】。

4 1のイカに塩をふり、鍋にオリーブ油を引いてソテーする【G】。表面が締まってきたら3のソースを加える【H】。塩を加え、約20分間煮る。

5 ソースの味をみて、必要なら塩で味をととのえる。皿に盛る。

A   B   C   D

E   F   G   H

Note
☑ソースのつなぎにパンだけを使う人もいますが、お米を入れるとさらに分離しにくく、ツヤツヤして、厚みのある舌触りに仕上がります。

Chipirones a lo Pelayo

小イカのペラーヨ風

「スミ煮に飽きた人が始めた」と冗談まじりに言われるが、今やスミ煮に並ぶバスク伝統のチピロン（小イカ）料理。玉ネギを焦げ茶に色づくまで炒めたものをソースにする。おいしさの鍵は、玉ネギと一緒に炒めるピーマンで、その苦みと香りが加わることで、玉ネギの甘みにキレが生まれる。イカの風味と交わっていっそう深い味わいに。

#バスク
#魚介

[調理解説] **本多誠一**

材料（2〜3人分）

小ヤリイカ … 8はい
玉ネギ … 2個
ピーマン … 2個
ニンニク（芯を除く）… 1かけ
オリーブ油 … 80ml
チャコリ（辛口白ワイン）… 30ml
水 … 30ml
イタリアンパセリ（みじん切り）… 適量
塩 … 適量

1 玉ネギ、ピーマン、ニンニクをフードプロセッサーかける。たっぷりのオリーブ油を引いた鍋に入れ【A】、弱〜中火で炒めて（約1時間）、オニオングラタンよりも一段濃いレベルまで色づける【B】

2 小ヤリイカの足をはずし、掃除する。胴に足を詰めて楊枝で留める。塩をふり、オリーブ油（分量外）をまぶして、鉄板もしくはフライパンでさっとソテーする【C】。表面が軽く固まればよい。

3 1の玉ネギが充分に色づいたら、漉し網に移して油をきり【D】、鍋に戻す。

4 チャコリを加えて鍋にこびりついた旨みを溶かし【E】、同量の水を加え、塩で味をととのえる。ここにソテーしたイカを加え【F】、蓋をして2〜3分間煮る。
 ＊イカを加えると水分が出てくるので、適度にソースが薄まる。水分が足りなければ、途中で水を足す。

5 イカとソースを皿に盛り、イタリアンパセリをふる。

A B C
D E F

> ### Note
> ☑ 玉ネギの火入れポイントは①たっぷりの油を使う、②かなり濃く焦がす、③最後に余分な油をきる。漉した油は風味豊かなので別の料理に使います。
>
> ☑ バスクではこの焦がし玉ネギをよく使います。有名な「チャングーロ」（カニの甲羅焼き）は焦がし玉ネギ（この場合ピーマンは入れない）をブランデーでフランベし、トマトソースと魚介のカルドを加えて煮込んでカニに詰め、グラタンにしたもの。

All i pebre de anguilas

ウナギのアジ・ペブレ

ウナギとジャガイモのシチュー。バレンシアのデルタ地帯（かつて天然ウナギが多く棲息していた）の郷土料理で、アジ・ペブレはバレンシア語で「ニンニクとピメントン（トウガラシ）」を意味する。ウナギのほかボラ、アンコウ、サメなどでもつくる。

バレンシア
魚介
ピカーダ

[調理解説] 小西由企夫 ─────────────────────────

材料（約4〜5人分）

ウナギ（内臓を除く）… 3尾（約1.2kg）
ジャガイモ（メークイン）… 3〜4個
オリーブ油… 100ml
ニンニク（皮付き）… 8かけ
タカノツメ… 2本
ピメントン（甘口）… 大さじ2
水… 850ml
ローリエ… 2枚
ピカーダ
│ ローストアーモンド（粉砕する）… 30g

1　ウナギを長さ約3cmにぶつ切りし、熱湯でさっとゆでて皮のぬめりを除く。

2　ジャガイモの皮をむき、ペティナイフを使って小さめのかけらに割り取る。（カチェーロ→p.26手順1参照）

3　1のウナギに塩をふり、コショウをたっぷりと挽きかける【A】。

4　カルデロ鍋にオリーブ油、ニンニク、タカノツメを入れて炒める【B】。ニンニク5かけはピカーダ用に取り出す。2、3を順に加えて軽く炒め【C】【D】、全体に油が回ったらピメントンを加え、軽く炒め合わせてすぐに水、ローリエを入れ、煮る【E】。
　＊煮上がりまでの目安は、約20分間（ウナギの太さによる）。

5　その間に、ピカーダ用に取り出したニンニクの皮をむいてモルテーロに入れてすりこ木でつぶし、アーモンドパウダーを加えて混ぜる【F】。

6　4の煮上がりが近くなったら（約15分後）、5のピカーダを加え、さらに5〜7分間煮てなじませ、火を止める。

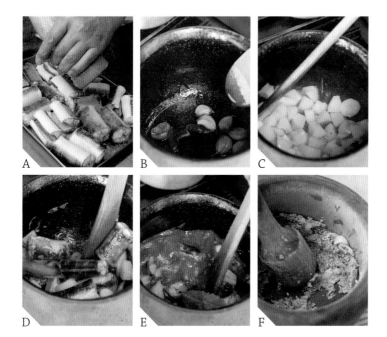
A　B　C
D　E　F

Note
☑ ひと切れを口に入れてみてスッと骨だけが抜けるのが、煮上がりの理想のタイミングです。火が足りないと骨から身が離れず、入れすぎると身がボロボロになってしまいます。素材によって太さや個性が変わるので、様子を見ながら判断します。

☑ 味のポイントは、香ばしさを強調したピカーダ。ウナギの臭みをカバーするだけでなく、風味全体の輪郭をきわ立たせます。

Ostras en escabeche

カキの温製エスカベチェ

ヤマウズラのエスカベチェ (p.62) が古風な煮込みタイプだとすれば、こちらは現代的なシンプルタイプのエスカベチェ。火を入れたカキに、野菜入りの熱いヴィネガーソース（やはりピメントン風味）をかけてそのまま提供する。他の魚介や鶏肉やキノコも、それぞれ相応に火入れして同様にソースをかける。

［調理解説］小西由企夫

\# カタルーニャ
\# 魚介

Note

☑スペインでは'85年頃からこのスタイル（別に火入れした魚介に、温かいエスカベチェソースをかける）が流行したと記憶しています。ソースが冷めるまで浸けておくと、味がしみ込んで冷製としてもおいしく仕上がります。

材料（約2人分）

カキ（むき身）… 12個
白ワイン… 100ml
白ワインビネガー… 100ml
水… 400ml
ローリエ… 1枚

エスカベチェのソース（仕込み量）

a
| ニンニク（皮むき）… 1かけ
| タカノツメ… 1本
| 黒粒コショウ… 大さじ½
| 粒コリアンダー… 大さじ½
| 玉ネギ（せん切り）… ½個

b
| セロリ（せん切り）… 1本
| ポロネギ（せん切り）… 1本
| ニンジン（せん切り）… ½本
ピメントン（甘口）… 大さじ1
シェリーヴィネガー… 100ml
白ワイン… 150ml　塩… 適量　オリーブ油… 200ml

1　鍋に白ワインヴィネガー、白ワイン、水を入れて火にかける。沸騰寸前の温度で、カキを静かにゆで（2〜3分間）、取り出す。

2　カキを皿に盛り、温めた1のソースをかける。

エスカベチェのソース

1　鍋にオリーブ油、材料aを入れて、香りを引き出してから材料bを加えて弱火で炒め、かすかに歯ごたえを残しつつ旨みを引き出す（7〜8分間）。ピメントンを加えて中火で軽く炒め合わせ、すぐにシェリーヴィネガー、白ワインを順に加えて煮立てる。酸とアルコールを飛ばし、塩で味をととのえる。

Mero
con puerro

ハタの白ネギ風味

バスクの海は魚種が豊富だが、なかでもメロ（ハタ）はステイタスの高い魚で、分厚い身はゼラチン質たっぷりで豊かな旨みがあり、バスク人好みのご馳走だ。この料理は（フランスのヌーヴェル・キュイジーヌの影響を受けて'70年代に始まった）新バスク料理の系譜を引く一品。魚の風味を生かす軽いタッチの野菜ソースが特徴だ。

［調理解説］小西由企夫

材料（1人分）

ハタ（切り身）…90g
薄力粉…3g
カキ（むき身）…6個
ニンニク（みじん切り）…½かけ
タカノツメ…⅛本
長ネギ（白い部分／みじん切り）…40g
白ネギ（薄切り）…40g
カバ（スパークリングワイン）…50ml
魚のフュメ（p.198）150ml
オリーブ油…30ml
生クリーム…少量
白ネギのポチャード…60g

白ネギのポチャード（仕込み量）
長ネギの白い部分…15本
岩塩…適量
E.V.オリーブ油…150ml

1　オリーブ油、ニンニク、タカノツメを熱し、玉ネギと白ネギを弱火で炒める。

2　ハタに塩をふって薄力粉をまぶし、1の鍋に加えて両面を焼き固める。さらにカキ、カバ、魚のフュメ、白ネギのポチャードを加え、沸騰したら蓋をして190℃のオーブンで加熱する（4〜5分間）。

3　2の鍋からハタを取り出す。鍋を火にかけ、煮汁に生クリームと塩を加えて味をととのえる。

4　ハタを皿に盛って、カキを添え、3のソースを流す。

白ネギのポチャード

1　ネギを半割にして1.5cm幅に切り、鍋に入れる。岩塩、E.V.オリーブ油を加え、ひたひたになるまで水を加えて蓋をしてやわらかくなるまで煮る。

\# バスク
\# 魚介
\# 新バスク料理

> *Note*
> ☑ バスクではプエロ（ポロネギ）を使いますが、日本にあるポロネギよりむしろ白ネギ（長ネギ）に近いイメージなのであえてこれを使っています。

Bacalao fresco a la koskera

マダラのコスケラ風

本来は「メルルーサのコスケラ風」として有名な料理。アサリをベースとしてイタリアンパセリで風味をつけるサルサ・ベルデ（グリーンソース）とメルルーサを組み合わせた軽い煮込みで、ホワイトアスパラガス、グリーンピース、ゆで卵を取り合わせる。

#バスク
#魚介
#野菜
#サルサ・ベルデ

[調理解説] 本多誠一 ─────

材料（2人分）

葉ニンニク（ぶつ切り）… 1本
オリーブ油 … 35ml
タカノツメ（輪切り）… ½本
ニンニク（みじん切り）… 少量
アサリ … 10個
マダラ … 約130gのカット×2
薄力粉 … 少量
白ワイン … 50ml
魚のカルド（p.200）… 150ml
ホワイトアスパラガスのゆで汁 … 50ml
グリーンピース（生）* … 軽く1つかみ
ホワイトアスパラガス（ゆでたもの）… 2本
固ゆで卵（縦半分に切る）… 2個
イタリアンパセリ（みじん切り）… 適量

*ここではスナップエンドウの豆を使用。

1　葉ニンニクをオリーブ油とともに鍋に入れて火にかけ、色づいたらタカノツメ、ニンニクを入れ【A】、香りが出たらアサリを入れて炒める【B】。塩をふって薄力粉をまぶしたマダラを（皮を下にして）鍋に入れ、揺らしながら炒める【C】。

2　マダラを裏返し、鍋の空きスペース数カ所に薄力粉を少量ずつ落として火入れする【D】。すぐに白ワインを加える。フライパンを揺らしながら煮立て、アルコールが飛んだら魚のカルドを加える【E】。アスパラガスのゆで汁も加える。
　＊カルドは、粉が溶けやすいよう、粉を置いたところに少量ずつ加える。

3　ヘラで粉を溶かしながら2〜3分間煮る【F】。塩で味をととのえ、グリーンピースを加える。豆が煮えたらホワイトアスパラガス、固ゆで卵を加え【G】、再度味をととのえて、火を止める。イタリアンパセリを加える【H】。

A　B　C　D

E　F　G　H

Note

☑春の料理ですが、地元にはナバラ産の太くて立派なホワイトアスパラガスの瓶詰があるので、シーズン外でもよくつくられています。

Potaje de garbanzos
y espinacas

ガルバンソ豆のとホウレン草のポタヘ

ポタへは豆と野菜のシチューのこと。豆の風味と舌触りをシンプル
に味わう料理だ。ガルバンソ豆とホウレン草にバカラオを組み合わ
せたこれは、別名「精進日のポタへ」。セマナ・サンタ（イースター）
の料理で、仕上げにゆで卵をのせる。

#アンダルシア
#豆
#野菜
#ソフリート
#ピカーダ

[調理解説] 小西由企夫 ─────────────────────────

材料（4人分）

ガルバンソ豆…200g（乾燥で）
ローリエ…1枚
玉ネギ…½個
クローブ（玉ネギに刺す）…2本
ホウレン草（ざく切り）…1½束
塩抜きしたバカラオ（ほぐし身）…160g
ピカーダ
　オリーブ油…120ml
　ニンニク（皮付き）…4かけ
　バゲットの薄切り…5枚
　サフラン…1つまみ
　ローストヘーゼルナッツ（砕く）…大さじ1
　ローストアーモンド（砕く）…大さじ1
ソフリート
　玉ネギ（みじん切り）…130g
　ピメントン（甘口）…5g
　仕込み置きトマトソフリート（p.198）…120ml
固ゆで卵（くし形切り）

1　ガルバンソ豆を重曹入りの水にひと晩浸けてもどす。

2　カスエラに1の豆（水をきる）、ローリエ、玉ネギを入れてひた
　ひたに水を張り、火にかける【A】。沸いたらアクを除き【B】、
　弱火にして煮る。

3　ピカーダ用にオリーブ油とニンニクを熱し、バゲットを入れ
　て色づける【C】。ニンニクとともに取り出す。

4　ソフリートをつくる。3の鍋（残った油を使う）で玉ネギを中
　火で炒める【D】。ピメントン、トマトソフリートを加えて
　軽く煮合わせる【E】。

5　ピカーダをつくる。モルテーロに3のバゲットとニンニク、
　サフラン、ナッツ類を入れて、すりこ木でつぶす【F】。

6　2の豆にほぼ火が通ったらホウレン草を何度かに分けて加え
　る【G】。なじんだらバカラオを加え【H】、ソフリートを加
　えて軽く煮る。仕上げにピカーダを加え、なじませて塩で味
　をととのえる。スープ皿に盛り、固ゆで卵をのせる。

A　B　C　D
E　F　G　H

Note

☑シンプルなガルバンソ豆とホウレン
　草の煮込みはアンダルシアの日常料
　理で、バルのタパスでも見かけます。

☑豆をやわらかくするために、もどす
　際に重曹を加えます。ゆでるとアク
　が大量に出るので完全に除くこと。

☑仕込み置きトマトソフリートを使わ
　ずにソフリートをつくる場合（手順
　4）は、玉ネギ200gと赤パプリカ1
　個を約1時間炒めてから、ピメント
　ンとホールトマト200gを加えて約
　10分間煮詰めます。

Alubias de Tolosa con berza y morcilla

トロサの黒豆の煮込み、
キャベツと自家製モルシージャ添え

トロサはバスク山間の村。特産の黒いインゲン豆は香り高さとクリーミーな舌触りで知られる高級品だ。地元では（肉料理等の副材料にするというより）、豆そのものをシンプルに味わうことが多く、いかにその風味を最大限に引き出し、シワなくふっくらとシルキーな舌触りに煮上げるかに腐心する。やはりバスク特産の青トウガラシ（ギンディージャ）の酢漬けを、薬味としてつまみながら食べる。

#バスク
#豆
#腸詰
#レフリート

[調理解説] 中村篤志 ——————————————

材料（約8人分）

黒インゲン豆（トロサ産）…500g（乾燥）

玉ネギ（芯を除き、表面数カ所を
　ナイフの刃先で刺す）…1個

トマト（数カ所をナイフの刃先で刺す）…1個

甘長トウガラシ…4本

a
| 生ハム（セラーノ・芯）…100g
| 背脂…80g　クローブ…2本
| ローリエ…2枚
| オリーブ油…80ml

b
| 自家製モルシージャ（p.190）…5本
| チョリソ…½本

レフリート
| オリーブ油…80ml
| ニンニク…2かけ
| ピメントン（甘口）…大さじ1

キャベツのソテー*…⅛個

青トウガラシの酢漬け（瓶詰）…20本

*キャベツ（軽く塩ゆでしておく）を、ニンニク（みじん切り）を炒めたオリーブ油でさっとソテーしたもの。

Note

☑ 火力が弱いといつまでも煮えず、強いと煮くずれます。ある程度の火力を維持し、途中で氷水を加えたり、火を消したりと調整することがポイント。また、一緒に青トウガラシを加えると、その青臭みが味にキレを出してくれます。

☑ 乾燥豆にも鮮度があります。輸入品は時間がたって皮はかたく風味も弱め。新鮮で質の高い豆を使う場合は、レフリートなしに仕上げて、豆そのものの風味を楽しむのが理想です。

1　黒豆は皮の厚いもの、シワのあるものを省く【A】。ひと晩水に浸けてもどす【B】。

2　1をもどし汁ごと鍋に移す（水の量は豆の2.5〜3倍）。玉ネギ、トマト、甘長トウガラシ、材料aを入れて火にかける【C】。アクを除き、浮いてくる豆は取り除く。沸騰したら角氷5〜6個を入れて温度を下げ【D】、再び沸騰したら再度氷を入れる。
＊温度が一気に上がらないようにして、豆の煮くずれを防ぐ。

3　ふつふつと沸く程度の弱火で、やわらかくなるまで煮る（目安として3〜4時間。途中、何度か鍋を揺すって火通りを均一にする）。途中、bの腸詰（表面を串で数カ所刺す）を加え【E】、火が入ったら（モルシージャは約20分間、チョリソは約40分間）取り出し、乾かないようにラップフィルムをかけておく。豆が煮えたら（煮くずれる寸前）、香味野菜を取り出す【F】。

4　別鍋でニンニクとオリーブ油を熱して色づけ、ピメントンを加えて（＝レフリート）すぐに4の鍋に加える【G】。しばらく鍋を揺らし（豆と豆をぶつけて）煮汁を乳化させる【H】。

5　豆を器に盛る。3の腸詰類（カットする）、青トウガラシの酢漬け、キャベツのソテーを別皿に盛って添える。

A　B　C　D

E　F　G　H

Piperrada

ピペラーダ：バスク風ピーマンの煮込み

ピペラーダ（バスク料理）、ピスト（カスティージャ・ラ・マンチャ、ムルシアなどの料理）、サンファイナ（カタルーニャ料理）……いずれも基本コンセプトは同じ。南仏のラタトゥイユにも通じる野菜の煮込みだ。ただし、ピペラーダの場合はピーマンが圧倒的な主役で、チョリセロ（地元の乾燥赤ピーマン→p.19）で独特のコクと風味をつける。甘み、苦み、旨みのバランスが心地よい野菜料理で、赤身肉や魚料理のつけ合わせとしても大活躍する。

#バスク
#野菜

[調理解説] 小西由企夫 ───────────────

材料（仕上がり約500g）

チョリセロ（乾燥）…2個
赤パプリカ…大1個（約190g）
ピーマン…120g
赤玉ネギ…220g
ニンニク（芯を除く）…½かけ
ホールトマト（缶）…140g
オリーブ油…70ml

＊乾燥チョリセロがない場合は、以下どちらかの方法に代える。A) ペースト（加工品）大さじ1で代用。B) 赤パプリカの量を1.5倍に増やし、炒めた後に（手順4）ピメントン（甘口）20gを加える。

1　チョリセロをひと晩水に浸けてもどす【A】。切り開いて果肉の部分をこそげ取る【B】。
　　＊残った皮はもどし汁と合わせておく。きのこのもどし汁と同様で、一種のだしとして別途使用する。

2　赤パプリカ、ピーマン、赤玉ネギをせん切りにする。

3　鍋にオリーブ油、ニンニクを入れ、弱〜中火にかける。ニンニクが色づいたら赤玉ネギを加えて炒め【C】、ざっと火が回ったら2種のピーマン、塩を加えて炒める【D】。

4　しっかりと炒まり、とろりとしてきたら【E】、ホールトマトを加えて【F】軽く煮て、チョリセロの果肉を加える【G】。水分が足りなければそのもどし汁を加え【H】、全体が混ざり、水分が飛んだら火を止める。

A　B　C　D
E　F　G　H

Note

☑赤ピーマンの甘みとコクと緑ピーマンの苦みとコクの両方があってのおいしさなので、必ず両方を使います。

☑ピペラーダのピーマンはせん切りにして使うのが常道（ピストなら角切り、サンファイナも角や短冊切りが一般的です）。

Guisantes con butifarra negra

スナップエンドウ豆の軽い煮込み

バスクではフレッシュのグリーンピースをよく使うが、春先のごく
短い期間に、若採りした超小粒の豆（別名ギサンテ・ラグリマ＝涙豆）が
登場する。季節の特別な食材であり、シンプルにさっと煮て、口の
中でプチンとはじける春の香りとみずみずしさを楽しむ。ここでは
スナップエンドウの豆を使う。

#バスク
#フレッシュ豆

[調理解説] **本多誠一** ───────────────────────

材料（約1人分）

スナップエンドウの豆…80g
　　（サヤ付きで約1kg）
ミントの葉…5〜6枚
ニンニク（みじん切り）…少量
ポロネギ（白い部分／みじん切り）…30g
ほんのり甘い白ワイン*…15ml
スナップエンドウのカルド…50ml
タピオカスターチ…少量
自家製ブティファラ・ネグラ**（角切り）
　　…20g
小玉ネギのソテー…2個

＊ここではモスカート・ダスティを使用。
＊＊豚の内臓、頭肉、血などでブティファラ・
ネグラの生地をつくり、（腸詰めせずに）テリー
ヌ型に詰めてオーブンで焼いたもの。

1　スナップエンドウのサヤから豆を取り出す【A】。サヤはひた
　　ひたの水で15分間煮出して、漉し、簡単なカルドをとる【B】。

2　鍋にオリーブ油、ニンニク、ポロネギを入れて炒める。【C】
　　豆とミントの葉を入れて、軽く炒め合わせ、白ワインを加え
　　る。20秒間ほど煮立て、豆のカルドを加える【D】。塩、少
　　量のコショウを加え、蓋をして煮る（約3分間）【E】。
　　＊蒸気をためて一気に加熱し、短時間で煮上げる。皮もやわらか
　　くなる。

3　水溶きのタピオカスターチを加え【F】、塩で味をととのえる。

4　皿に盛り、ブティファラ・ネグラと小玉ネギのソテー（解説
　　略）をのせる。

A　B　C
D　E　F

Note

☑ 必要最小限の材料を使い、できるだ
け短時間でほどよい歯ごたえに煮ま
す。ミントを加えると、かすかな豆
臭さが爽やかな印象となります。

☑ 贅沢な食材の使い方なので、季節の
突き出しとして、少量を出す使い方
が向いています。

ラ・ベラ産のピメントン

独特な「スモークパプリカパウダー」

スペインのピメントンは、その約7割をエクストレマドゥーラ州カセレス県で生産している。なかでもラ・ベラ郡のものが有名で、DOPピメントン・デ・ラ・ベラ（Pimentón de la Vela）という原産地呼称で管理・保証されている。

コロンブスがアメリカ大陸から最初に持ち帰ったピミエント（トウガラシ／ピーマン）は、まずグアダルーペの修道会に、そしてそこからラ・ベラなど各地の修道会にもたらされたそうだ。ラ・ベラでは17世紀には現在のようなパウダーの生産が始まり、20世紀初頭には重要な産業となった。

ムルシア産や東欧産など、ラ・ベラ以外の一般的なパプリカパウダーは、熟したトウガラシを収穫し、天日乾燥または熱風乾燥させたのち粉に挽くが、ラ・ベラの場合は「燻製乾燥」という方法をとる──これが最大の特徴だ。

屋根にアラビア瓦、下方にグリルを備えたスモーク小屋でオーク材を燃やし、立ちのぼる煙を上方に置いたトウガラシにあてて乾かしていく。毎日8〜10時間（45℃以下に保ち、1日1回かき混ぜる）、10〜12日間かけて水分含有率15%になるまで。エクストレマドゥーラは乾いた土地だが、収穫期の秋は雨が多く、天日を頼らないこの製法になったとか。結果的に、特有のスモーキー感が個性となり、酸化、褪色しにくいというメリットが加わった。

燃焼させるオークは、同州のデエサ（原生林）から供給される間伐材だ。広大なデエサはイベリコ豚の放牧地としても知られる。つまり、太古以来のオークの林の中で豚を育て、その木材でピメントンをスモークし、それは最終的に、チョリソなどの腸詰に結びつくわけだ。

乾燥までは生産農家が行い、これを買い取ったメーカーが「石臼」で挽き、製品にする。石臼の使用もDOPの認証条件だ。

3つの味のタイプと燻製の強み

ラ・ベラのピメントンには、ドゥルセ（甘口）、アグリドゥルセ（甘苦い、ほろ苦い）、ピカンテ（辛口）の3タイプがあり、これは球形で甘みのあるボラと、細長く辛みがあってそれぞれ風味の異なるハランダ、ハリサ、ヘロミンという在来4品種のトウガラシの組み合わせによって生まれる。組み合わせのパターンは以下の通り。

・ドゥルセ：ボラ、ハランダ
・アグリドゥルセ：ハランダ、ハリサ
・ピカンテ：ヘロミン（辛みが強い）、ハランダ、ハリサ

ラ・ベラのピメントンは、燻製によって甘みと辛み、苦み、酸味が絶妙にあいまった複雑な風味となることが特徴だ。加熱すると、肉、魚介、野菜の香りと一つになってさらにコクが深まっていく。

燻製によって酸化抑制の効果も生まれるので、酸化による苦みは出にくく、非加熱でも使いやすい。「タコのガリシア風」（ゆでたてのタコのスライスにピメントンとオリーブ油をかける）などはラ・ベラのピメントンあってこその料理と言えそうだ。また、赤みを出す着色料として、そして保存料としての意味合いも。ラ・ベラのピメントンの7割以上がチョリソ製造に使われているが、他のピメントンより赤い色を長く維持し、脂肪酸の酸化をより抑制するという。

左・右上／レンガ造りの燻製室内部。簀の子になった天井上にトウガラシを置いて、下の炉からスモークする。　右下／甘口タイプの主体となるボラ。

ASADOS AL HORNO,
A LA PARRILLA Y
A LA PLANCHA

オーブンで焼く
パリージャで焼く
鉄板で焼く

Lechazo asado al horno
乳飲み仔羊のアサード

牧羊大国のスペインでは、乳飲み仔羊（コルデーロ・レチャルまたはレ
チャソ）が食文化に深く根づいている。カスティージャ・イ・レオ
ン産（IGP）の乳飲みの規定は生後35日以下で、フランスのア
ニョー・ド・レ（40〜60日）よりさらに幼い。肉は小さく、やわらかく、
骨も細く、オーブン焼きにする場合は1頭を4等分したクアルトと
いうカットにする。伝統では薪を熾き火にしてかまどに入れ、肉は
保湿用の水を入れたカスエラの上に置いて、やや低めの温度で包み
込むように、繊細な肉質を守りながら焼いていく。ここではフラン
ス産のやや大きい乳飲み仔羊をガスオーブンで焼く。

カスティージャ・イ・レオン
仔羊

[調理解説] **小西由企夫**

材料（2人分）

乳飲み仔羊*のクアルト … 1本（約1.3kg）
岩塩 … 適量
ラード … 適量
ニンニク（皮付き、叩いて砕く）… 4かけ
タイム … 軸2〜3本
E.V.オリーブ油 … 適量

*使用しているのはフランス産乳飲み仔羊な
のでスペインのレチャソよりも大きめ。半頭
の上半身（骨付きロース〜前脚）を使用。

1　カスエラに皿を置く。乳飲み仔羊を骨を上にして皿にのせ、
　　岩塩をふり、ラードをのせる【A】。ニンニク、タイムものせる。
　　*ニンニク、タイムは肉の鮮度に応じて使う。新鮮であればなく
　　てもよい。

2　カスエラに（肉に触れない程度の量の）水を入れる【B】。170〜
　　180℃のオーブンに入れる【C】。

3　40〜50分間後、いったん取り出して肉を裏返し、岩塩を強
　　めにふって、E.V.オリーブ油をかける【D】。190〜200℃の
　　オーブンに戻し、さらに約20分間焼く【E】【F】。
　　*水がなくなっていたら補充する。

A　B　C
D　E　F

Note
☑ スペインでは、仔羊と言えば乳飲み
　仔羊が一番人気。もちろん特別感の
　あるご馳走です。

☑ 薪のオーブンを使う場合もカスエラ
　の底に水を張る方法は同じ。このと
　き肉に水が触れると「ロースト」に
　ならないので量には注意します。

☑ コンベクションオーブンを使う場合
　はスチームはかけずに、同じ方法で
　控えめに保湿するとよいと思います。

Codorniz con salsa de chocolate

ウズラのオーブン焼き、チョコレートソース

本来はヤマウズラでつくるアラゴンの名物料理。スペインにはヤマ
ウズラ、ヤマシギ、ヤマバトなどの野鳥料理の伝統がある。この料
理は中南米から帰国した修道女がソースにチョコレートを入れたの
が始まりとか。チョコレートを加えることで、ソースにコクと複雑
みが加わる。

#ナバラ〜アラゴン
#野鳥

[調理解説] 小西由企夫 ─────────────────

材料（1人分）

ウズラ … 1羽
オリーブ油 … 30ml
ラード … 20g
ニンニク（皮付き）… 1片
塩、コショウ … 各適量
a
　ニンジン（粗角切り）… 30g
　玉ネギ（粗角切り）… 30g
　セロリ（粗角切り）… 30g
黒粒コショウ … 小さじ1
クローブ … 1本
ローリエ … 1枚
ブランデー … 30ml
ランシオワイン（白／p.48参照）… 30ml
シェリーヴィネガー … 30ml
フォン・ド・ヴォー … 150ml
クーベルチュールチョコレート
　（セミスィート）… 16g
マッシュポテト
小玉ネギのソテー
ベーコン（棒切り）のソテー

1　ウズラを掃除して、表面、腹の中に塩、コショウをふる。

2　鍋にオリーブ油、ラード、ニンニクを入れて熱し、ウズラを
　　入れて表面を色づける。

3　火を止めて、ウズラの周りに材料aを置く。この鍋を180℃
　　のオーブンに入れて焼く（約15分間）

4　ウズラを鍋から取り出し、温かい場所で休ませておく。その
　　間に、鍋に残った野菜に、つぶした黒コショウ、クローブを
　　加えて火にかけ、すぐにシェリーヴィネガー、ブランデー、
　　ランシオワインを入れて煮詰める。さらにフォン・ド・ヴ
　　ォー、ローリエ、クーベルチュールチョコレートを加え、約
　　半量まで煮詰めて、網で漉す。小鍋に入れて火にかけ、塩で
　　味をととのえる。

5　皿にウズラを盛り、マッシュポテト（解説略）、小玉ネギのソ
　　テー（解説略）を添え、ベーコンのソテー（解説略）を散らす。
　　ソースを流す。

Chuletón de vaca a la parrilla

牛Lボーンのパリージャ焼き

スペインの牛肉は赤身が主体だ。24カ月齢以上が成牛だが、バスクやガリシアでは伝統的に、乳牛を卒業した13歳以上の老メス牛や去勢牛のしっかりとした旨みが好まれるという。一番のご馳走であるチュレトン（リブロース）は熾き火でじっくりと焼いて、シンプルに味わう。ピキージョピーマンは定番のつけ合わせで、その濃密なコクと香りが肉の旨みを引き立てる。

#バスク
#牛肉

[調理解説] 中村篤志

材料（4〜5人分）

牛の骨付きリブロース（1kg前後）
フルール・ド・セル（バスク産）

つけ合わせ
ピキージョピーマン（瓶詰）
ニンニク（スライス）
オリーブ油
塩
グラニュー糖

1　牛の骨付きリブロースから、骨1本分をカットする【A】。腹近くの一部を残して脂肪を切りはずす【B】。常温にもどしておく。

2　赤身部分の両面を肉叩きで叩いて平らにならし【C】、表面にたっぷりとフルール・ド・セルをふる【D】。

3　炭の火床上の網に肉をのせて焼く。片面にある程度焼き目がついたら裏返す【E】。背脂の面も焼く【F】。骨の際に火が入るよう、意識的に火にかざす【G】。

4　指で触って焼き上がりを確認し、カスエラの皿にのせて直火にかけ、表面に軽く焦げ目をつける（4〜5分間）【H】。

5　骨から肉を切りはずし、肉を1.5cm幅に切り分けて、皿に盛る。つけ合わせのピキージョピーマン（ニンニクとともにさっと炒めた後、耐熱皿に移して低温のオーブンで10〜15分間かけて水分を飛ばし、塩とグラニュー糖をふりかける）を別皿に盛って添える。

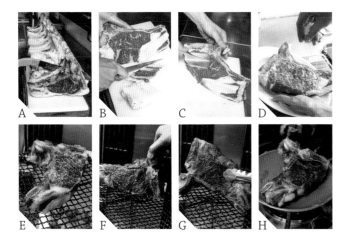

A　B　C　D
E　F　G　H

Note

☑できるだけ赤身の旨みのしっかりとした、大きな肉を使います。褐毛和種が理想ですが、供給の安定した北海道産のホルスタインを使用。Lボーンは1本900〜1300gくらい。

☑地元の焼き方はベリーレア（片面を焼いて裏返し、さっと焼くだけ）ですが、それよりは火を入れて赤身の旨みを引き出します。ただし焼き上がり後に休ませたりはせず、「表面はこんがりで芯はレア」というムラがあってよしとしています。地元風にたっぷりと食べるにはそのほうが飽きずに楽しめると思うので。

ア・ラ・パリージャの基礎知識

「ア・ラ・パリージャ」と「ア・ラ・ブラサ」

パリージャとは、鉄格子（グリル）のこと。スペインの焼きもの料理には大きく分けて、かまどに食材を入れて焼く「アサード・アル・オルノ」と、パリージャの上であぶり焼きする「アサード・ア・ラ・パリージャ」のふたつのタイプがある。
パリージャ料理のメニュー名では、ア・ラ・ブラサという表現もしばしば登場する。ブラサとは「熾き火、埋み火」のこと。熾きになった薪や炭の上でじっくりとあぶり焼いたというニュアンスだ。

薪で焼くか、炭で焼くか

伝統的なパリージャでは、オークなどの薪を焼いて半ば炭化しかけて熾き火になったものを熱源にする（もちろん工業的に生産された木炭もある）。火床は開放式で、薪炭を置くテーブルの上にやはりテーブル状の鉄格子が備えられ、これを上下させて火力を調整するというスタイルが多い。木が焼けるナチュラルな香り、煙の燻し効果も受けながら、「埋み火でじっくりと焼いていく」調理法だ。
スペインでも日本でも、薪火で焼いた素朴な肉や魚や野菜のおいしさが再発見されている。一方、日本には備長炭という独自のすぐれた木炭の文化があり、これを使ってスペイン風のパリージャを表現するという選択肢もある。

それぞれの火の個性

薪の熾き火
・最初は火力が強いが、時間を追って火力が落ちてくる。
・遠赤外線効果はほぼない。
・薪と食材との上下の直線距離で火力を調整する。
・薪自体から煙が上がり、薪の香りがつく。
・煙に水分があるので、素材に対する保湿効果がある。

備長炭
・火力がある程度の時間一定している。
・遠赤外線効果がある（炭の真上でなくても加熱範囲となる）。
・炭の積み方、食材の置き方で火力を調整する。
・食材から落ちた脂が炭に当たって煙が上がると、その香りがつく。
・保湿効果は期待できない。食材が乾かないようなケアがより必要。

"Nodoguro" a la parrilla
ノドグロのパリージャ焼き

"Nodoguro" a la parrilla

ノドグロのパリージャ焼き

近年のバスク料理の名物のひとつが、鮮魚のパリージャ（グリル）料理。ロダバージョ（イシビラメ）、ベスーゴ（スペインダイ）、ルビナ（ヨーロッパスズキ）などの分厚い大きな魚、そしてオマールなどが好んで使われる。'70年代頃からシェフたちによってテクニックが探究されるようになったといい、専門の器具も生まれた。大きな魚型の網（ベスゲラ）はその一つで、これで上下から魚を挟んで柄を持てば、形をくずす心配なく自在に裏返すことができる。

バスクでは「バカラオのピルピル」に象徴されるように、魚のゼラチン質を大事なご馳走にする。パリージャでも「できるだけゼラチンを落とさないよう」、一尾丸ごとの魚を頻繁に向きを変えながらゆっくりと焼いて、ふんわりと仕上げる。最後に魚の焼き汁にヴィネガー、レフリート（オリーブ油にニンニクのみじん切りを入れて熱したもの）を加え、ぐるぐる混ぜて乳化させてソースとする……というのが、仕上げ方の典型例だ。

日本のノドグロと備長炭を使ってバスク式の焼き方の流れを紹介する。

#バスク
#魚介
#レフリート

[調理解説] **本多誠一**

材料（2～3人分）

ノドグロ（鱗、エラ、内臓を掃除する）
　…1尾（約800g）
塩…適量
シェリーヴィネガー…50ml

レフリート
　ニンニク（棒切り）…1かけ
　タカノツメ…1本
　オリーブ油…80ml

Note
☑ノドグロは皮下脂肪もゼラチンも豊富な、まさにパリージャ向きの魚です。脂ののった時期のスズキ、タイ、カサゴなどもよいと思います。

1　熾した備長炭を火床に並べて焼き台の準備をする。

2　ノドグロの両面にオリーブ油（分量外）を刷毛で薄くぬり、両面と腹の中に塩をふる【A】。専用の魚型網で挟み、火床にかける【B】。

3　最初は軽く表面に焼き色をつけるイメージで強めの火力であぶり、その後は適宜上下をひっくり返しながら、じっくりと焼いていく【C】（火力は炭の置き方、網の置き位置によって調整する）。

4　火入れに一番時間がかかるのは、頭の部分。頭をつかんで（エラ部分に親指を当てる）内側に曲げ、コツンとスムーズに折れたら【D】、芯まで火が通っている。火床からおろし、温かい場所で休ませ、肉汁を落ち着かせる【E】。

5　魚を皿に移し、尾側から中骨の下にナイフを入れて片身をはずす【F】。エラのところまで切れたら、外した身（骨つき）を裏返す。

6　頭を半分に切り開く【G】。中骨をはずし【H】、腹骨もはずして、小骨もできるだけ抜く。

7　レフリートをつくる。ニンニク、タカノツメ、オリーブ油を鍋に合わせて加熱する【I】。

8　開いた魚の身に、シェリーヴィネガーを軽く回しかける【J】。さらにレフリートをかける【K】。

9　いったん皿に出た汁を別皿に移し【L】【M】、漉し網のお尻を当てて混ぜて乳化させる【N】【O】。このソースを魚にかける【P】。

炭の積み方、置き位置を工夫して、とくに頭にはしっかり火を入れる。

Rodaballo "Matsukawa" a la parrilla

松皮ガレイのパリージャ焼き

バスク式の「ロダバージョ（イシビラメ）のパリージャ焼き」のイメージで、脂肪、ゼラチン質ともに豊かな日本の松皮ガレイを備長炭で焼く。肉を焼くときよりは火力は弱めで、皮をちぢませないよう、オイルで保湿しながら焼く。

［調理解説］中村篤志 ───────────

#バスク
#魚介
#レフリート

A　B
C　D

[材料（7〜8人分）]

松皮ガレイ（ヒレ、鱗、内臓を掃除）… 1尾（2〜2.5kg）
塩…適量　ニンニクヴィネガーオイル*…適量
レモン汁…適量
レフリート
┌ ニンニク（薄切り）… 3かけ
│ タカノツメ… 1本
└ オリーブ油… 80 ml
E .V.オリーブ油…適量
イタリアンパセリ（みじん切り）…適量

*ニンニク1かけ、シードルヴィネガー30ml、オリーブ油100mlをミキサーにかけて乳化させたもの。

1　魚の両面に包丁で切り込みを入れる。塩をふり、オリーブ油をぬって専用網で挟み、（黒い皮を下にして）焼き始める。高温になりすぎないよう注意してゆっくりと焼き、焼き目がついたら裏返す。途中、ニンニクヴィネガーオイルを適宜ふりかけながら、焼き上げる【A】（計10〜15分間）。

2　皿に移して温かいところで 5 〜10分間休ませる。

3　上身を半身ずつ切り取って提供用の皿に盛り、レモン汁をかける。レフリートの材料をフライパンで熱し、ニンニクが色づいたら魚にかける【B】。

4　皿に出た汁をフライパンに移し【C】、E.V.オリーブ油を加えながら漉し網の底を当ててかき混ぜ、乳化させる【D】。イタリアンパセリを加えて魚にかける。

Cogote de pescado a la parrilla

マダラのコゴテのパリージャ焼き

コゴテとは首のことで、バスクでは「メルルーサのコゴテ」がパリージャ素材の常連。その頭を大きめに切り落とし、二つに開いた状態で焼くのだが、身がむき出しなのでゼラチンが下に落ちないよう皮面をメインに（＝身は上）焼く。ここでは北海道産のマダラを使い、備長炭で焼く。仕上げはいわゆるビルバオ風（ほぼ同じものをビスカヤ風とも呼ぶ）に、レフリートをさっとかける。

［調理解説］中村篤志 ───────

#バスク
#魚介
#レフリート

材料（2〜3人分）

マダラ（前半身を使用）… 1個分（500〜600g）
ニンニクヴィネガーオイル…適量
シードルヴィネガー…適量
塩…適量
レフリート
　ニンニク（薄切り）…大1かけ
　タカノツメ…1本
　オリーブ油…40〜50ml

1　マダラの首（エラから指3本分下の位置）を切り落とす。腹から切り開き、背骨と中骨を掃除する。専用網で挟む。

2　塩をふり、身の面を下にして焼き始める【A】。皮面にも塩をふる。

3　表面が焼き固まったらひっくり返して身に塩をふり、皮面を火に向ける。皮が一気に縮まないよう、遠火でじっくりと焼く。途中乾いてきたらニンニクヴィネガーオイルをふりかける【B】。
　＊焼きは内側3割→皮側7割。皮裏のゼラチン質を溶かし、熱を深部に伝える意識で焼いていく【C】。ゼラチンが落ちるので、皮を焼き始めたら裏返さない。

4　焼き上がりを確認し（約20分間後）、皿に盛る。シードルヴィネガーをふりかける。レフリートの材料を熱し、ニンニクが色づいたら魚にかける【D】。

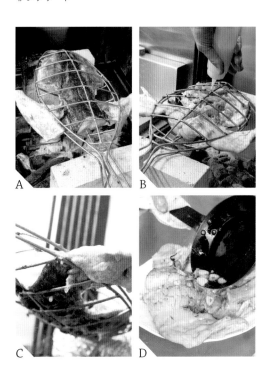

A　　　　　　　　　　　B

C　　　　　　　　　　　D

Gambas a la plancha

赤エビのプランチャ焼き

プランチャ（鉄板）は、スペインのレストラン厨房のベーシックな調理機器で、ソテー調理全般に便利に使われている。一方、とくに地中海沿岸地方では、新鮮魚介のア・ラ・プランチャ（鉄板焼き）を売りものにするレストランが少なくない。バレンシア州の港町、デニアの名物、赤エビのプランチャ焼きはその代表的な一品だ。

#バレンシア
#魚介
#レフリート

[調理解説] 本多誠一 ―――――――――――――――――

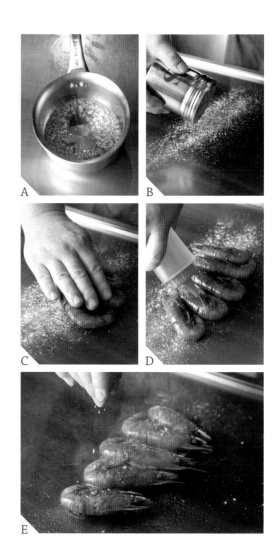

A B C D E

材料（すべて適量）

赤エビ
塩
E.V.オリーブ油
マルドン塩（仕上げ用）
レフリート
　ニンニク（みじん切り）
　イタリアンパセリ（みじん切り）
　オリーブ油

1　レフリートを用意する。鍋にニンニクとオリーブ油を入れて火にかける【A】。ニンニクの水分が抜けたらイタリアンパセリを入れて火からはずす。

2　鉄板の高温エリアに塩をふり【B】、その上に赤エビを並べる（火力の強い熱源上にエビの頭が当たるように）【C】。エビの上からE.V.オリーブ油をかけ【D】、上面にも塩をふる。

3　エビに3割がた火が入ったら裏返す。この時もエビの頭は熱源側に。身にちょうどよく火が入ったら（トータルの焼き時間は約2分間）、マルドン塩をふり【E】、皿に盛る。

4　レフリートをかける。

Note

☑殻のある素材は、まず塩を鉄板に直接ふって軽くトーストし、塩の香ばしさを引き立ててから焼きます。殻が舌や唇に当たった瞬間に、おいしさ、香ばしさが感じられます。

Sepia a la plancha
con picada

スミイカのプランチャ焼き、ピカーダ風味

地中海沿岸地方の「魚介のプランチャ焼き」の常連素材はエビ類、イカ類、マテ貝など。高級食材ではエスパルデニャス（ナマコの筋繊維）、小ダコなどがある。油を引かずに高温の鉄板でさっと焼き、ナチュラルな風味を閉じ込める。フライパンを使う場合は、煙が出るほど熱してから焼き始める。ここでは、ローストしたニンニクをベースにしたピカーダを最後にからめて仕上げる。

#カタルーニャ
#魚介
#ピカーダ

[調理解説] ホセ・バラオナ・ビニェス

材料（約2人分）

スミイカ … 1はい（300〜400g）
ピカーダ
　揚げパン（食パンの薄切りを揚げたもの）
　　約5cm×3cm … 2枚
　白ワインヴィネガー … 小さじ1
　ニンニク（半割、芯を除く）のロースト
　　… 1かけ
　ロースト松の実 … 30粒
　イタリアンパセリ … 軸2本分
　塩 … 1つまみ
E.V.オリーブ油

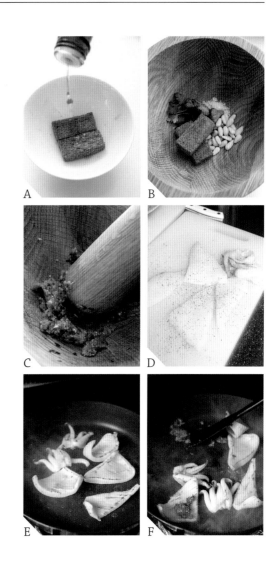

A　B　C　D　E　F

1　ピカーダを用意する。揚げパンを白ワインヴィネガーで湿らせる【A】。モルテーロに入れ、その他の材料も合わせる【B】。すりこ木でしっかりとつぶす【C】。

2　スミイカを掃除して皮をむく。足を2分割し、身は4分割して両面に斜めに細かく切り込みを入れる。塩、コショウをする【D】。

3　フライパンを煙が出るほど高温に熱し、イカを置く。身をへらで軽く押さえ、焼き色がついたら（約30秒）、ひっくり返す。身が反ってきたらE.V.オリーブ油をひと回しかけ【E】、ピカーダを加えてざっと混ぜ合わせ【F】、皿に盛る。

Note
☑ 鉄板で焼く場合は（イカではなく）鉄板に塩をふって、そこにイカを置いて焼き始めます。表面は軽く焦がして香ばしく、芯は半生に仕上げます。

☑ 「ア・ラ・プランチャ」は"新鮮な素材"を高温の鉄板でさっと焼く料理。ソテーとは異なるニュアンスです。

Escalivada de verduras

野菜のエスカリバーダ

よく「焼き野菜」と訳される。もとになる動詞のエスカリバールは「残り火で加熱する」という意味で、厳密に言うなら、「野菜の表面を焼いたのち覆いをかぶせて蒸らし、余熱で調理した」野菜だ。しっとりと仕上がると同時に、余分な水分は使わないので野菜本来の甘み、香り、旨みがしっかりと凝縮する。

#カタルーニャ
#野菜

[調理解説] ホセ・バラオナ・ビニェス ───

材料（約6人分）

パプリカ（赤、黄、オレンジ）… 各1個
米ナス… 2個
玉ネギ… 1個
マルドン塩… 適量
イタリアンパセリ… 適量
E.V.オリーブ油… 適量

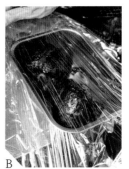

A　B　C　D

1　パプリカの表面にオリーブ油をまぶし、皮全面が真っ黒になるまで向きを変えながら直火で焼く【A】。

2　火からおろし、ボウルなどに入れてラップフィルムで覆い、15分間ほど蒸らす【B】。

3　指で触ると自然に皮がむけるので、取り除く（水を使わない）【C】。ヘタと種を除き、フシごとに切り分ける。約1cm幅に切る。

4　米ナスも1〜2と同様に調理し、皮をむく。ヘタを落とし、縦に半分まで包丁を入れて実を開き、約1cm幅に切る。

5　玉ネギは丸ごとアルミ箔ですき間なく包み、180℃のオーブンで約1時間半焼く。15分間ほど休ませてからアルミ箔を開いて外皮を除き1枚ずつばらす。約1cm幅に切る。

6　3〜5を皿に並べ、E.V.オリーブ油をたっぷりとかけてしばらく置く。提供時にマルドン塩、イタリアンパセリを散らす。
　　＊仕込み置く場合はE.V.オリーブ油をかけてマリネしておく【D】。

Note

☑ ポイントは、①表面をまんべんなく焦がすこと、②火からおろしてすぐに蒸らすこと、③水を使わずに皮をむくこと。水に触れたらせっかく凝縮した風味が薄まってしまいます。

☑ カタルーニャのシンボル的な野菜料理です。昔の人はこれをつくるのに包丁を使いません。ピーマンの皮をむいたら手で細く裂いていました。

Esgarraet

エスガラエ：焼きピーマンとバカラオのマリネ

「赤ピーマンのエスカリバーダ」の変化形。こちらはバレンシアの伝統料理で、パリージャまたはオーブンで焼いたピーマンの皮をむいて裂き、ニンニク、バカラオとともにオリーブ油でマリネして盛り合わせた前菜だ（ちなみにエスガラエはバレンシア語で「裂く」の意味）。バカラオの塩気と旨みが焼きピーマンの甘みとなめらかさを引き立てる。

#バレンシア
#野菜
#バカラオ

[調理解説] 前田庸光

材料（4人分）

赤パプリカ…3個
バカラオ（ほぐし身）…60g（もどした状態で）
きざみニンニクのオイル漬け＊…小さじ½
モハマ＊＊のスライス…5枚
黒オリーブ…5粒
E.V.オリーブ油…適量

モハマ

＊ニンニクのみじん切りをオリーブ油に漬けたもの。オイルごとすくって使う。
＊＊マグロの生ハム。背肉を塩漬けし、熟成・乾燥させた製品。

1　バカラオは水でもどして塩抜きし、水をきっておく【A】。

2　赤パプリカを200℃のオーブンで約1時間焼く。途中15分おきに向きを変えて、皮全面を真っ黒に焦がす。ボウルに入れてラップフィルムをかけ、約30分間蒸らす。ボウルに出た汁は取り置く【B】。

3　パプリカの皮をむき【C】、細切りにする。バットに並べて、きざみニンニクのオイル漬け、パプリカの焼き汁、E.V.オリーブ油をふりかけてマリネする。

4　提供時に、バカラオとパプリカをあえる。皿に盛り、モハマと黒オリーブをのせる。E.V.オリーブ油を回しかける。

A

B

C

Note
☑本来は赤ピーマンとバカラオを一緒にマリネして"風味をひとつに"しておく料理ですが、ここではあえて、それぞれの風味が際立つよう（互いになじみすぎないよう）、提供直前に合わせています。

Setas a la brasa

キノコの炭火焼き

スペインでキノコと言えば天然キノコ。シンプルな炭火焼き、プランチャ焼きが一番の定番で、「ニンニクとイタリアンパセリのみじん切りとオリーブ油」がもっとも基本的な味つけだ。ここではカタルーニャ風のピカーダを使う。

#カタルーニャ
#キノコ
#ピカーダ

[調理解説] ホセ・バラオナ・ビニェス ────────

[材料（2〜3人分）]

シイタケ（軸を切り落とす）…10個
ピカーダ
　ニンニク（芯を除く）…小1かけ
　ローストヘーゼルナッツ…8個
　イタリアンパセリ…軸2本分
　タイムの葉…軸3本分
　塩…1つまみ
　オリーブ油…約30ml
マルドン塩…適量

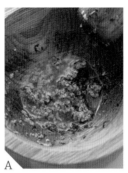

1　炭火を熾し、グリルをセットする。

2　ピカーダを用意する。オリーブ油以外の材料をモルテーロに入れて、すりこ木でつぶす。オリーブ油を加えて、混ぜる【A】。

3　シイタケをグリルに並べ（軸側を下にして）、焼き始める。温める程度で裏返し【B】、1分間ほど焼いたら傘の内側にピカーダを置く【C】。そのまま焼き上げる。
　＊焼いている間に、ピカーダのニンニクにも熱が伝わって火が入り、香りが立ってくる。

4　皿に盛り、マルドン塩を散らす。E.V.オリーブ油を少量かける。

Note
☑ア・ラ・プランチャにする場合は、鉄板（またはよく熱したフライパン）にキノコを並べて焼き、最後にピカーダを加えて炒め、香ばしさをからめて仕上げます。

食の現地レポート_02

カスエラの里を訪ねる

煮込み料理の伝統を支える、食文化のシンボル

　本書冒頭の「スペインの食文化」(p.2)の記事を読んでよくわかるのは、どの地方であっても郷土料理の基本は煮込み、シチュー料理である、ということ。そしてシチュー文化と切り離せない伝統的な調理器具のひとつがカスエラ（陶器）だ。

　カスエラは、陶器・土器の総称。造形がしやすく、作りやすい素朴な器で、昔は、皿、鍋、壺、水差し、ボウル、甕など、日常雑器として広く使われていた。現在も調理用に、蓋のない浅鉢型のカスエラがよく使われる。保温性が高いので、火のまわり方がやわらかく、トロトロとゆっくり煮込むことができる。

　カスエラは、油の温度を上げすぎずに低温を保ってゆっくり加熱したいコンフィなどの調理にも向く。バルでは、手のひらにのる小さなカスエラが、アヒージョ等の小鍋になったり、タパスの器になったりと今も大活躍だ。

古都近くの、歴史あるカスエラの村

　日本に陶器の町があるように、スペインにも伝統的にカスエラを作っている町がある。

　カスティージャ・イ・レオン州、バジャドリード近くにある人口3000人足らずの小さな村、ポルティージョもそのひとつ。古い歴史を持つ村で、18世紀頃からすでに、専門の職人たちが近郊の都市や村で使われる陶器を作っていたそうで、1950年代には50以上もの窯元があったとか。今も住民のほとんどが陶器生産に関わっている。その一つ、「エル・オブラドル・デル・アファレロ（陶芸家工房）」社で工程を見せてもらった。

　その製造方法は、昔と変わらず、土を捏ねて整形→乾燥→第一次焼成→釉薬をかける→第二次焼成、というもの。土は、ジローナ（北部カタルーニャの町）近くで採掘される鉄分の多い赤い粘土で、これをいったん練り機に通してきめを整えて使う。親方のホセマヌエルさんは目分量で土をちぎり取ってはろくろにのせ、皿、ボウル、鉢、水差しなどをつぎつぎと昔ながらの定番フィルムに仕上げていく。でき上がっていく一つ一つは見事に同サイズだ。

　形ができたら、丸1日かけて乾燥させ、その翌日に焼成を行う。今はガス窯を使うが、30年ほど前まではマツの薪をかまどで燃やしていたそうだ。

　焼き方はまず常温で作品を入れ、7時間かけてゆっくりと1000℃まで温度を上げ、その後ふたたび7時間かけて常温に戻す。この温度調整によって、「瓦のようなかたさ」になるのだという。その後、釉薬をかけ、やはり同じ時間と温度をかけて2度目の焼成を行う。

　カスエラは重く、割れやすいものの、その保冷性、保温性はもちろん、レトロな趣は他に変えがたい。最近は、伝統料理への再注目や環境への配慮、素朴さを好むライフスタイルとも相まって新しいニーズも生まれているとか。ホセマヌエルさんは、伝統的用途の素朴な製品を作り続ける一方、ポップでおしゃれな色、形のカスエラ作りにも力を入れている。

左／5世代前から陶器作りをしているホセマヌエルさん。写真手前の壺風のものはこれから取っ手をつけて仕上げる保冷ポット。冷水を入れて農作業に持ち出し、喉が乾いたら高々と担ぎ上げて、口めがけて水を注ぎ込む。　右上／工房内のショップ。　右下／乾燥中のモダン系のカラフルなボウル類。

FRITOS

揚げる
揚げ焼き

Croquetas

2種のクロケタ：イベリコハム入りと肉入り

クロケタ（コロッケ）も、スペインの国民食のひとつだ。大量につくりやすい「イベリコハム」が日本でもポピュラーだが、もともとはロースト料理や煮込み料理の残り肉をほぐし、ベシャメルでつないで揚げものにする「残りもの活用料理」。具材の可能性は無限にある。ここでは両方のタイプとベシャメル風の軽いクリームを使って紹介する。

#全土
#豚肉加工品
#肉
#ベシャメル

材料

A：イベリコハムのクロケタ用

イベリコハム（みじん切り）…200g

ベシャメル風クリーム

薄力粉…60g

コーンスターチ…40g

牛乳…1L

玉ネギのポチャーダ*…100g

バター…30g

薄力粉、全卵、パン粉、塩、揚げ油…各適量

B：肉入りクロケタ用

ローストチキン（細かくほぐす）…120g

豚バラ肉の煮込み（細かくほぐす）…120g

生ハム（セラーノ／みじん切り）…100g

ベシャメル風クリーム以下、Aと同様

*玉ネギのみじん切り（200g）をオリーブ油（20g）で色づけないようにゆっくりと炒めたもの。ニンニクは加えていない。

A：イベリコハムのクロケタ

1 ボウルに小麦粉、コーンスターチ、イベリコハムの⅓量、牛乳を合わせ【A】、泡立て器でざっくりと混ぜる。

2 鍋で玉ネギのポチャーダをバターで炒める【B】。ここに1を加え、焦げないよう泡立て器で混ぜながら煮詰めていく【C】（約5分間）。

3 残りのイベリコハムを加える。塩で味をととのえ、さらに1〜2分間、ゴムべらで混ぜながら煮詰め【D】、火を止める。

4 バットに流し、冷やす【E】。

5 生地をひと口サイズ（9〜10g）に丸め、薄力粉をまぶす【F】。とき卵にくぐらせてパン粉をまぶし【G】、180℃の油で揚げる【H】。

*仕上がりを割った

B：肉入りのクロケタ

1 肉類をほぐし、合わせる【I】。生ハムも加える。

2 小麦粉、コーンスターチ、牛乳を合わせ、Aの手順2の要領でベシャメル風のクリームをつくり、最後に1を加える【J】。調味して1〜2分間煮る（その後の手順はAの4-5と同じ）。

3 生地を16〜17gに丸め、薄力粉、とき卵、パン粉をつけて180℃の油で揚げる【L】。

A B C D

E F G H

I J K L

Note

☑ ここで紹介する「ベシャメル風クリーム」は、伝統的なベシャメルの簡易版。手軽にでき、なめらかに仕上がります。

☑ 残り肉をほぐして使うクロケタの場合は、ベシャメルはあくまで「つなぎ」なので使用量は少なめ。イベリコハムのクロケタの場合は、ベシャメル比率は多めになります【K】。

Sardinas rebozadas

イワシのレボサダ

レボサド（ダ）は衣をつけたという意味で、広く衣揚げを指す。天ぷらやフリッターも相当するが、ここで紹介するのは、"薄づき衣"で揚げ焼きにする例。バスク名物「ココチャ（メルルーサのあご部分の肉）のレボサダ」がその最たるもので、表面にごく薄く卵液をまとわせ、ひたひたの油でさっと火を入れる。

#バスク
#レボサド
#魚介
#マヨネーズ

[調理解説] **本多誠一**

材料（すべて適量）

イワシ（小さいもの）
薄力粉
全卵
塩
オリーブ油（揚げ油）
レモン（くし形切り）
マヨネーズ

A   B

C   D

1　イワシの頭を落として内臓を除き、腹から開いて骨を掃除する。両面に塩をふり、薄力粉をまぶす。余分な粉をはたき落とし、均一にする。

2　両面にとき卵をつけ【A】、網にのせて余分な卵液を落とす【B】。

3　鍋に高さ1cmほどオリーブ油を張って熱し、細かい泡が浮いてきたら2のイワシを入れ【C】、やや低めの温度で静かに揚げ焼きする【D】。途中裏返す。

4　引き上げて皿に盛り、レモン、マヨネーズ（解説略）を添える。

Note

☑今回のイワシはやや大きめ。小イワシ、あるいはカタクチイワシを使うイメージです。

☑卵液は薄づきであればあるほどよく、一部ついていなくてもかまいません。衣は、魚の表面をガードして身にふんわりと火を通すためのもの。それ自体の味や歯ごたえを強調しないよう、できるだけ控え目にします。

Pez espada en adobo

メカジキのアドボ

アドボとはマリネの意味。フィリピンではマリネした肉の煮込みの名前になるが、スペインでアドボと言えば"マリネした魚のフライ"だ。アンダルシアの名物で、「サメ肉のアドボ」が代表格。サメの切り身をニンニク、ピメントン、ヴィネガーでマリネしてから粉をつけて揚げたもので、特有のアンモニア臭が緩和されるとともに、水分を含んでジューシーに仕上がる。脂肪分が少なく淡白で、火入れするとパサつくタイプの魚をおいしく食べる手法。マリナードに手を加えると、いろいろな応用ができる。冷めてもおいしい。

#アンダルシア
#レボサド
#魚介

[調理解説] **ホセ・バラオナ・ビニェス**

材料（2〜3人分）

メカジキ（切り身）…300g

a
| ニンニク（半割、芯を除く）…1かけ
| ピメントン（甘口）…小さじ1
| クミン…小さじ1
| ドライオレガノ…小さじ1
| コリアンダー…軸2〜3本分
| イタリアンパセリ…軸2〜3本分
| ローストアーモンド（あれば）…6〜7粒

オリーブ油…100ml

シェリーヴィネガー…5ml

水…30ml

コーンスターチ…適量

レモン風味のマヨネーズ＊…適量

＊ライトマヨネーズ（p.199）にレモン汁、レモン表皮（マイクロプレーンで削る）を適量加えたもの。

1　メカジキを、幅2cmの棒状にカットする。

2　材料aをモルテーロに入れ、すりこ木で細かくつぶす【A】。ボウルに移してオリーブ油でのばし、メカジキを加えてあえる。シェリーヴィネガーと水を加えて混ぜ【B】、ひと晩マリネする。

3　2のボウルにコーンスターチを加え混ぜ、180℃の油でからりと揚げる。

4　皿に盛り、（好みで）レモン風味のライトマヨネーズを添える。

A

B

Note
☑ 伝統的なアドボは（魚の鮮度を補う意味で）かなり強くヴィネガーがきいていますが、このレシピでは酸味は控えめ。スパイスをアレンジして香りを複雑にし、適量のヴィネガーでキレをよくした、現代的マリナードです。レモンマヨネーズで軽い酸味を添えました。

Pescaditos fritos

マラガ風小魚のフライ

アンダルシア地方は三方を海に囲まれている。南側の海域は、アフリカ大陸が間近に迫って海が狭く、小型の魚介が豊富。小さな魚介はディープフライにするのが手っ取り早くておいしく、ペスカイート・フリット（アンダルシア方言で小魚のフライ）はビーチの食文化のシンボルとなっている。小麦粉は薄づけにし、高温で軽く揚げるのが鉄則で、粉にガルバンソ粉を混ぜ、サクサク感と香ばしさを強調することもある。

#アンダルシア
#魚介

[調理解説] 小西由企夫 ————————————————————

材料（すべて適量）

小イワシ、小アジ、小キス	ガルバンソ粉（なくてもよい）
小ヤリイカ、小エビ	全卵、オリーブ油
薄力粉、塩、コショウ	レモン（飾り切り）

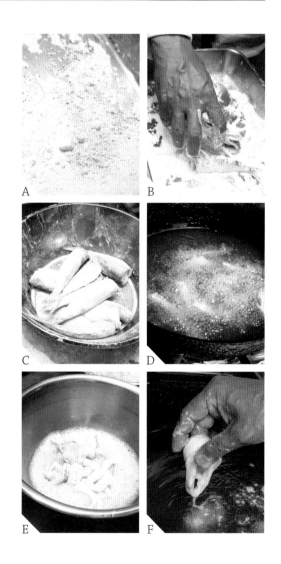

A　B　C　D　E　F

1　イワシ、アジ、キスは頭とヒレを落とし、腹を開いて内臓を掃除する。イカは掃除して胴を輪切りする。

2　バットに薄力粉を入れ、その5〜10％量ほどのガルバンソ粉を加えて【A】よく混ぜる。
＊ガルバンソ粉を隠し味程度に加えると、香ばしさとサクサク感がアップ。

3　イワシに軽く塩、コショウをふって粉をまぶす【B】。ザルに入れて大きく揺すり、余分な粉を落とす【C】。180℃のオリーブ油で揚げる【D】。網にあげる。

4　イカは軽く塩をふり、同様に粉をまぶす。卵液（少量の水とオリーブ油を加え混ぜる）にくぐらせ【E】、少し低めの温度で揚げる【F】。

5　小エビは強めに塩をふり、粉をまぶして、高温の油でさっと揚げる。

6　皿に盛り、レモンを添える。

Note

☑粉の薄づけのポイントは、たっぷりの粉に魚介を入れてまぶしてからザルに移し、粉をふり落とすこと。最初から少量の粉で済ませようとすると、必ずムラになります。

Berenjenas fritas

ナスのフライ

コルドバ名物のナスのフライ。ナスの皮は必ずはずし（かたいので）、粉をまぶして、高温で揚げる。ポテトのようなホクホクとした仕上がりに。好みでハチミツをかけて食べる。

#アンダルシア
#野菜

[調理解説] 小西由企夫 ───────────────

材料（すべて適量）

米ナス
薄力粉
オリーブ油
塩、ハチミツ

1 ナスのアクが強い場合は表面に塩をまぶしつけて、しばらくおく。皮をむき、縦に4〜6等分にする。

2 バットに薄力粉を入れ、ナスを転がして粉をまぶす【A】。ザルに入れてよく揺すり、余分な粉を落とす【B】。180℃のオリーブ油で揚げる【C】【D】。

3 網にあげて油をきり、皿に盛る。ハチミツを添える。

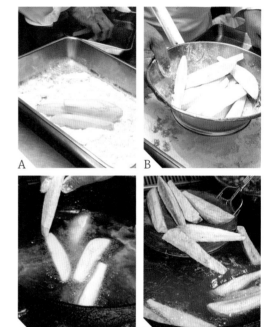

A B C D

Note

☑身質のしっかりした、水分の少ないナスを使います。日本の今どきのナスはあまりアクがないので、アク抜きは状態次第で。薄く輪切りにして揚げるスタイルもあります。

Chuletillas de cordero
al ajo cabañil
乳飲み仔羊の羊飼い風

乳飲みの仔羊のリブロースは骨1本ずつにばらして強火で焼き、手づかみでかぶりつくのが定番の食べ方。乳飲みなので肉部分は小さいが、そのぶん骨をしっかりとしゃぶる。ニンニク風味の揚げ焼きは典型的な調理方法で、香ばしさを強調して仕上げる。

揚げ焼きの最後に加えるアホ・マハードはニンニクと酢と塩をすりつぶした素朴な仕上げソースで、肉料理やポテトフライの仕上げにかけると、味わいがグッと引き立つ。

ムルシア
揚げ焼き
仔羊
アホ・マハーダ

[調理解説] 小西由企夫

材料（約2人分）

乳飲み仔羊のチュレタ（骨つきリブ）
　　…骨6本分
乳飲み仔羊の腎臓…2個
塩、コショウ…各適量
アホ・マハード
　ニンニク（薄切り）…2かけ
　塩…適量
　白ワインヴィネガー…50ml
　水…50ml
ジャガイモ（5mm厚の輪切り）…1個
オリーブ油…適量

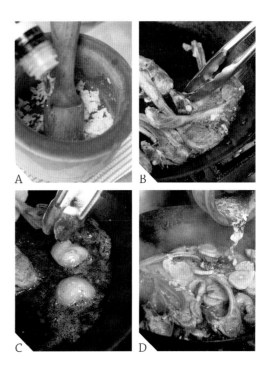

A　B　C　D

1　アホ・マハード：ニンニクと塩をモルテーロに入れてすりこ木でつぶす。なめらかになったら白ワインヴィネガーと水を加えて混ぜる【A】。

2　ジャガイモを素揚げする。

3　フライパンにオリーブ油を多めに引いて熱する。乳飲み仔羊に塩、コショウをふり、強火で揚げ焼きする【B】。
　＊骨の際のゼラチン質によく火が入るよう鍋肌に押しつけ、しっかりと焼ききる。

4　ほぼ火が入ったら2と腎臓を入れる。腎臓の両面を焼く【C】。

5　仕上げに1を加えて混ぜ【D】、香りが立ったら火を止める。熱した土皿に盛る。

Note

☑アホ・マハーダはニンニクと酢と塩と水をつぶしたもので、ムルシアではこれを"アホガバニル（羊飼いのニンニクソース）"と呼びます。

☑肉の火入れはウェルダンです。フランス料理とは異なり、肉の赤みが残らないように火入れして焼けた風味を楽しみます。とくに骨周りをしっかりと焼くことがポイント。

食の現地レポート_03

ラ・マンチャ産のサフラン

高貴なスパイス＆染料

ほんの数本で甘く、華やかな香りをもたらし、同時に、鍋いっぱいの料理を黄色に染め上げる——それがサフランだ。これがなければ、本場のバレンシア風パエージャはつくれない。

サフランはクロッカス科の花で、そのめしべを乾燥させたものがスパイスとなる。スペインには8世紀頃にイスラムとともにアラブより持ち込まれた。昔も今も、蠱惑的な香りをもたらす高貴なスパイスとして珍重されている。

サフランの故郷、ラ・マンチャ地方

サフランの代表的な産地が、ラ・マンチャ地方。サフランの球根が植わる畑では毎年10月末になると、乾燥した大地が紫色に染まる。

畑を案内してくれた生産者、ロマン・ロドリゲスさんによると、球根は前年のものを畑から春にポットに植え換え、6月に掘り出して選別。夏の間は休ませ、9月末の降雨の後に畑に植える。すぐに芽吹き、10月末にはつぼみが膨らんでくる。開花は天候次第なので収穫開始は直前までわからない。花が開いたら一気に摘み終えねばならず、

その収穫は1週間の短期決戦だ。

花がつぶれないよう、収穫は人の手でひとつずつそっと摘んで行う。太陽が高くなると花が開ききって香りが飛んでしまうので、朝8時に始めて正午には終了。午後は室内で花からめしべのみを摘み、選別する、さらに繊細さを問われる作業で、手先の器用な農家の女性たちの仕事だ。

ラ・マンチャの乾燥した大地は病虫害の影響を受けにくく、球根を植えた後は除草や水撒きも必要ない。摘み取りは人の手で……と、昔から変わらない。ただし最後の乾燥作業は、かつては熟練の勘を頼りにしていたが、今はコンピュータ制御の乾燥機が使われている。

サフランはなぜ高価なのか

ひとつの花にめしべは3本。1kgの花からとれるめしべはわずか54gで、乾燥させて製品にすると9.5gにまで減る。1kgのサフランを得るには20〜35万個の花が必要で、1ヘクタールの土地から生産可能なサフランは8〜12kgでしかない。

高価となるのも当然だ。かつては農家の副業として生産されてきたが、1950年代に生産量は六分の一ほどに減ったそうだ。現在、世界のサフランのシェアは安価なイラン産が圧倒しており（元をたどると、'60〜70年代にラ・マンチャから輸出された株）、それはスペインにも輸入されている。土産物店などで売られる、「ラ・マンチャ」ではなく「マンチャのサフラン」と表記された安価な商品はイラン産とみてよい。昔から「マンチャ」が上級品の意味で使われ、そしてかつては原産地認証ルールがなかったためだ。現在は認証制度が導入されており、「DOP La Mancha」とあれば、それが正真正銘のラ・マンチャ産サフランだ。

では、サフランの品質は何で決まるのか。気候風土がもたらす香りの豊かさと、それを扱う繊細さ、の両方に拠る。ベストの時機の花を摘み、赤く長いめしべだけを取り、的確に乾燥させ、最後にピンセットで不純物を除く……すべてに技と緻密さが問われ、ラ・マンチャにはその伝統が受け継がれている。

左／花弁中心のおしべ（黄色）の脇に、赤く長いめしべが3本ある（根元でつながっている。製品に混じる黄色はこの根元の部分）。　右上／めしべの水分を7〜8％まで減らし、製品に。　右下／紫の畑に立つロマンさん。

ARROZ

米料理

米料理の基礎知識

米料理のタイプ

カタルーニャからレバンテ地方（バレンシア、ムルシア）にかけての地中海沿岸地方には、米食文化の伝統がある。パエージャばかりが有名だが、それはほんの一面にすぎない。米料理には、大きく分けて次のジャンルがある。

アロス・セコ arroz seco

直訳は「乾いた米」。汁気のない米料理で、つまり、パエージャ（パエリア）はこれにあたる。ちなみにパエージャとは、あの浅くて平たい鍋のこと。表面積が広く、浅いパエージャ鍋で米を強火で一気に煮ることで、効率的に水分を飛ばしていく。仕上がりは米の隙間からチラチラ鍋底が見えるほどの「乾き感」で、米のふっくら感を残しつつ香ばしさが強調される。
つくり方のディテールや理想の仕上がりに議論百出するのは地域のシンボル料理ならではで、よく言われるのは「バレンシアではソフリートは使わない／カタルーニャではソフリートを使う」。ほかにも「米を炒めるか炒めないか」「お焦げはつくるかつくらないか」等々、地域により、人によりさまざまなこだわりがある。

アロス・アル・オルノ arroz al horno

米と具材とスープを入れたカスエラをオルノ（オーブン）に入れてつくる「炊き込みご飯」。セコが直火でスープを煮立てながら米を炊くのに対し、こちらはオーブンで火をじっくりとまわしながら炊き上げる。蓋はしないので表面はやや乾いているが、米自身はよりふっくらとした仕上がりに。

アロス・メロッソ arroz meloso

米をメロッソに（＝ハチミツのようにとろりと）煮上げる料理。アロス・クレモソ arroz cremoso（クリーミーな）とも呼ぶ。「スペイン版のリゾット」だが、リゾットと違ってチーズは加えないのでより自然な風味の仕上がりだ。米をかき混ぜながら煮ることででんぷんをスープに引き出し、米にはスープを吸わせて、一体に仕上げる。とろりとなめらかに、ただし煮えすぎて糊っぽくなってはならず、つくり置きがきかない。
モダンな表現と相性がよい。アロス・セコはそれ自体が伝統メインディッシュだが、こちらは独創的に表現しやすく、量の加減も自在。レストランのコースメニューの1品としてよく登場する。

アロス・カルドソ arroz caldoso

アロス・メロッソとの境界はさほど厳密ではない。カルドとはスープ（だし）のことで、つまり「スープ多めの米料理」。具材を煮出してスープをとり、そのスープで米を煮て雑炊風に仕上げる。米文化圏では日常的な家庭料理であり、手軽でシンプルなものから手の込んだレストラン料理まで幅広い。

Note
アロス・セコいろいろ

ホセ・バラオナ・ビニェス

☑ "本場バレンシア風バエージャ" は「バレンシアのブドウの木の薪火に鍋をかけて炊く」ものと聞いています。薪火の煙が料理にかかり、そこがおいしい。ソフリートを使わずに米と具材のみでさっぱりと炊くのが伝統なのは、本来このスモーク香がポイントだからでしょう。カタルーニャ風のソフリートを使うアロス・セコとは原点や背景が異なるのだと理解しています。

Arroz al horno de Xàtiva

ハティバ風アロス・アル・オルノ

Arroz al horno de Xàtiva

ハティバ風アロス・アル・オルノ

豚足、豚耳、腸詰、豆……など、たくさんの具が入る炊き込みごはん。もともとは"コシードの残り"をベースにしてつくる料理で、さまざまな食材の旨みが重なるカルド（だし）のおいしさが鍵になる。アロス・アル・オルノの炊き上がりは「ふっくら。かつ、米の芯はかすかに残す」。強くてやさしい加熱が必要で、カスエラを使う意味もそこにある。パエージャのようなお焦げはつけない。ハティバ（バレンシア方言ではシャティバ）はバレンシア県の町の名前。

#バレンシア
#アロス・アル・オルノ
#肉、家禽
#豆

[調理解説] 前田庸光 ─────────────────────

材料

仕込み
ガルバンソ豆… 1kg（乾燥で）
豚足… 3枚
豚耳… 3枚
ローリエ… 1枚
セロリの葉… 適量

仕上げ（2〜4人分）
米… 160g
ゆでたガルバンソ豆… 40g
煮込んだ豚足… 60g
煮込んだ豚耳… 60g
豚足と豚耳の煮汁… 200ml
鶏のカルド（p.200）… 300ml
スペアリブの塩漬け*（ぶつ切り）
　… 240g
オリーブ油… 適量
ピメントン（甘口）… 小さじ1
トマトソース（p.200）
　… 50g

玉ネギのポチャーダ**
　… 小さじ山盛り1
皮付きニンニク
　（横半割／電子レンジで火入れ）
　… ½株
ジャガイモ（薄切り／電子レンジで加熱）… 2枚
トマト（輪切り）… 2枚
モルシージャ（1cm厚切り）… 2枚

＊スペアリブの表面全体に塩をまぶして1時間漬け、洗って水気を除いたもの。
＊＊玉ネギのみじん切りをオリーブ油でじっくりと炒めたもの。

Note
☑ "鍋物の締めのおじや"と同じで、本来はコシードの残りでつくるもの。豆のゆで汁で豚足類を煮て、さらにそのだしで米を炊く、という手法で再現します。

1 ガルバンソ豆をひと晩水に浸けてもどし、ローリエを加えた水でやわらかくなるまでゆでる。豆のゆで汁で、豚足と豚耳をやわらかくなるまでゆでる。引き上げてそれぞれ小さくきざんで混ぜる。足と耳をバットに敷き詰め、冷やし固めておく。煮汁も保管する。
  ＊事前にポーションに切り分けておくと使いやすい。

2 カスエラに湯を入れて保温する。

3 鍋に鶏のカルドと1の煮汁、豚足と豚耳を入れて火にかける【A】。

4 沸かしている間にフライパンにオリーブ油を熱し、スペアリブの表面を強火で焼く【B】。各面が色づいたものから取り出し、カスエラに並べる。フライパンの火を止めて、ピメントンを加え【C】、軽く炒めて香りを引き出す【D】。その上にトマトソースを流し入れる【E】。点火して玉ネギのポチャーダを加え、軽く炒める【F】。

5 3の鍋に4を加え【G】、混ぜてカスエラに流し入れる【H】。カスエラを火にかけ、沸騰したら米を入れる【I】。1のガルバンソ豆も入れ、ニンニクとジャガイモ、トマトを表面に並べて300℃のオーブンの下段に入れる【J】。

6 6分後にいったん直火にあげて米の状態をチェックし、モルシージャを加えて【K】、オーブン上段に入れ、さらに9分間加熱する。
  ＊途中のチェックで水分が足りなければカルドまたは水を足す。

7 ふっくらとした炊き上がりを確認してオーブンから取り出す【L】。カスエラのまま提供し、卓上でよく混ぜて銘々の皿に取り分ける。

Arroz con pulpo

アロス・コン・プルポ：タコごはん

タコのゆで汁を使って、タコの風味いっぱいに炊き上げる。水溶き
コーンスターチを加えて煮るのが特徴で、一般的なアロス・アル・
オルノともひと味違うモチモチとした食感に仕上がる。

#マジョルカ
#アロス・アル・オルノ
#魚介
#ソフリート

［調理解説］小西幸雄 ─────────────────────────

材料（2人分）

マダコ（生）… 140 g
玉ネギ… 1個
ローリエ… 2枚
塩… 適量
オリーブ油… 40ml
白身魚（ハタ、アンコウなど）の端肉… 70 g
ジャガイモ（角切り）… 80 g
仕込み置き玉ネギのソフリート（p.198）… 40 g
仕込み置きトマトソフリート（p.198）… 60 g
サフラン… ひとつまみ
米… 130 g
タコのゆで汁… 400〜450ml
グリーンピース（塩水でゆでる）… 40 g
コーンスターチ（水で溶く）… 適量

1 マダコは冷凍しておき、使う際に解凍する（凍ると繊維が壊れ、
　 より早く、やわらかく煮える）。

2 深鍋に湯を沸かして塩、玉ネギ、ローリエを入れ、もどした
　 マダコの頭をつかんで「足を湯に沈める→上げる」を2〜3
　 回繰り返してから（足がきれいに外向きに巻き上がる）【A】、湯
　 に入れ、ゆでる（約20分間）【B】。

3 マダコを引き上げてひと口大に切り分ける。ゆで汁に水を加
　 えて塩気を薄める（飲むスープの塩気の半分程度）。

4 カスエラにオリーブ油を引いて白身魚、ジャガイモを軽く炒
　 める。玉ネギのソフリート【C】、トマトソフリート、サフ
　 ラン、米を加える【D】。タコのゆで汁を加えて強火で沸かし、
　 タコ、グリーンピース、水溶きコーンスターチを加え【E】【F】、
　 250℃のオーブンで17〜18分間加熱し、炊き上げる。

A　B　C

D　E　F

Note

☑しっかりと火の入った米にモチモチ
感がまとわりついた、独特の食感が
魅力です。炊き上がりの目安は、煮
汁の表面に膜が張り、ところどころ
が焦げた感じになった状態。

Arroz con pitu

アロス・コン・ピトゥ：アストゥリアス風地鶏入り米料理

アストゥリアス定番のクリーミーな米料理。大きな特徴は玉ネギと
ピーマンを最大限まで色づけた"焦がしソフリート"をペーストにし
て使うこと。野菜の甘み、苦み、メイラードによる旨みが凝縮した
"ミソ"的なパーツで、地元ではピトゥ（地鶏）のローストのソースに
もこれを使う。
ピキージョピーマンの甘みとコク、なめらかな舌触りも重要なアク
セントだ。

#アストゥリアス
#アロス・メロッソ
#家禽
#焦がしソフリート

[調理解説] 前田庸光 ─────────────────────

材料

仕込み（約10人分）

鶏もも肉（阿波尾鶏／50g大に切る）… 1kg

塩… 10g

ニンニクのオイル漬け*… 10g

オリーブ油… 適量

焦がしソフリート（仕上がり約140g）

　玉ネギ（繊維を断つ方向にせん切り）
　　… 300g

　ピーマン（せん切り）… 50g

　ブランデー… 40ml

仕上げ（3〜4人分）

ソテーした鶏もも肉… 300g

焦がしソフリート… 45g

鶏のカルド（p.200）… 1.2L

米… 180g

ピキージョピーマン（缶／細切り）
　… 2枚

サフラン… 1つまみ

塩… 適量

*ニンニクのみじん切りをオリーブ油
に漬けたもの。油ごとすくって使う。

1　鶏もも肉に塩、ニンニクのオイル漬けをまぶし、オリーブ油
　をかけて1日マリネする。

2　1をオリーブ油で揚げ焼きして表面全体を色づける【A】。

3　焦がしフリート：2の鍋に残った油で玉ネギとピーマンを炒
　め、1時間以上かけて徐々に色づけ、強めにカラメリゼする。
　最後にブランデーを加えて炒める【B】。水分が飛んだら火
　を止め、ハンドブレンダーにかけてペーストにする【C】。

4　提供時に、鶏のカルドに焦がしソフリートを加え混ぜ【D】、
　沸かす。2の鶏もも肉と米を加える【E】。ピキージョピー
　マン、サフランも加え、ポコポコと沸いた状態を保って約
　15分間煮る【F】。塩で味をととのえる。

A　　B　　C

D　　E　　F

Note

☑焦がしソフリートは、玉ネギの甘
　みとピーマンの苦みを"別次元の
　旨み"に変えたもので、見た目も
　使い方もまさに"ミソ"。なお、極
　限まで色づけますが、焦げ味がつ
　いたら失敗。つきっきりの調理に
　なるので、多めに仕込み、小分け
　して冷凍しています。

Arroz meloso con chuleta y espárragos

豚スペアリブとアスパラガスのアロス・メロッソ

カタルーニャやレバンテ地方では日常に米食がある。ただし、アロス・セコは休日に家族でまたは外食で楽しむハレの料理。日々の家庭の食卓にのぼるのはアロス・メロッソやカルドソで、その日、その季節の具材を自由に取り合わせてつくる。ここで紹介するのはその一例だ。カルドやソフリートも、家庭風の手順で紹介する。

アロス・メロッソはスープと米との一体感が大切。火入れの最後の段階では、水分を調整しつつ木べらでゆっくりと混ぜて(米粒を壊さないように)でんぷんを引き出しながら煮上げていく。

#カタルーニャ
#アロス・メロッソ
#豚肉
#野菜
#ソフリート
#ピカーダ

材料（4人分）

豚スペアリブ…骨付き450〜500g
マリナード
　ピメントン（甘口）…小さじ½
　ニンニク…1かけ
　オレガノ…小さじ½
　クミン…小さじ⅓
　タカノツメ…¼本
　コリアンダーの葉…少量
　イタリアンパセリの葉…少量
　塩、コショウ…各適量
　水…大さじ1　オリーブ油…少量
グリーンアスパラガス…8本
　玉ネギ…2〜3枚
　ニンジン（角切り）…小1本
　塩、オリーブ油…各適量
ソフリート
　玉ネギ（みじん切り）…小1個
　ニンジン（みじん切り）…½本
　ピーマン（みじん切り）…小2個
　ニンニク（みじん切り）…½かけ
　オリーブ油…大さじ1
トマト（すりおろす）…½個
ピカーダ
　ニンニク（芯を除く）…½かけ
　ローストアーモンド
　　（またはヘーゼルナッツ）…6粒
　イタリアンパセリ…軸2本分
　サフラン…2〜3本　塩…少量
米…150〜160g

Note

☑カルドは、アスパラガスのくずを
さっと煮ただけの軽いもの。代わり
に、複数の野菜を使い時間をかけて
炒めたソフリートで旨みを支えます
——家庭料理は大体こんな感じ。逆
に、レストラン仕様の濃いカルドを
使う場合は、玉ネギだけのシンプル
なもので充分です。

☑加熱時間の目安は、米を入れてから
17〜18分間。「ちょうどよい歯ごた
え」の1分前に火を止めて、食卓に
出すまでに2〜3分間休ませます。

1　スペアリブを長さ4〜5cmに切る。マリナードの材料をミキ
　サーにかけてペースト状にし、スペアリブにまぶす。1日マ
　リネする。

2　グリーンアスパラガスの下部の皮をむいて3〜4cmに切る。
　むいた皮やくずを玉ネギ、ニンジンとともに1.5L程度の水で
　10分間に煮出し、漉して簡単なカルドをとる。

3　鍋にオリーブ油を熱し、スペアリブの表面を焼き固め、取り
　出す。

4　この鍋にオリーブ油を足し、玉ネギ、ニンニクを炒め、ニン
　ジン、ピーマンも加えてさらに約30分間かけて弱〜中火で
　炒め、旨みを引き出す（＝ソフリート）【A】

5　肉を鍋に戻し、トマト、2のカルドを入れる。沸騰したら米
　を加え、ポコポコと沸く状態を維持して煮る【B】。

6　その間に、ピカーダの材料をモルテーロに合わせて、すりこ
　木でつぶす【C】。

7　13〜14分後にピカーダ、アスパラガスを加えてさらに2〜3
　分間、へらでゆっくりと混ぜながら煮る【D】。米に芯がな
　くなり、全体がとろりとクリーミーにまとまっていることを
　確認し、塩で味をととのえる。

＊火からおろし、2〜3分間ねかせてから提供する。

A　　　　　　　B

C　　　　　　　D

Arroz meloso al caldero
[conejo y setas]

ウサギとキノコのアロス・メロッソ、カルデロ仕立て

カルデロとはムルシア伝統の足付き鍋（昔、暖炉にかけてスープをトロトロと煮込んだ鉄鍋）のこと。米料理にも使われ、「魚介のアロス・カルデロ」などがよく知られている。ここでは、ウサギとキノコを使ってメロッソに仕立てる。

#ムルシア
#アロス・メロッソ
#家禽
#キノコ

［調理解説］前田庸光 ─────────────────

材料（2人分）

ウサギ肉（骨付きぶつ切り）
　…50g×5個
もどした乾燥ポルチーニ茸…20g
もどした乾燥トランペット茸…15g
トマトソース（p.200）…30ml
鶏のカルド（p.200）…約600ml
キノコのもどし汁……70g
モロッコインゲン
　（5～6cmに切る）…45g
米…120g
白ワインヴィネガー…小さじ1
塩

A　B

C　D

E　F

1　乾燥キノコを水でもどす【A】。

2　カルデロ鍋にオリーブ油を引いて火にかけ、ウサギ肉の表面を焼き固める【B】。トマトソースを加えて【C】軽く炒め合わせ、鶏のカルド、キノコのもどし汁を加える【D】。沸いたら米、モロッコインゲン、キノコを入れる【E】。塩で調味する。

3　沸騰したら火力を弱め（表面がポコポコと静かに沸く状態を保つ）、ときどき混ぜながら煮る【F】。7分半経ったら白ワインヴィネガーを加え、さらに7分半煮る。

Note

☑鍋を使うスタイルはムルシア風ですが、材料構成はカタルーニャの「マル・イ・モンターニャ（海と山）」も意識しています。ソフリートは使わずに、具材のキノコから出る旨みですっきりと味をまとめました。

☑米からほどよくでんぷんが出るよう、ときどき混ぜながら煮ることがポイントです。混ぜすぎて米をつぶさないように。ヴィネガーを加えるのは、キレとコクをつけるため。

Arroz caldoso con gambas rojas

赤エビのアロス・カルドソ

アロス・カルドソのつくり方はいろいろで、ソフリートをベースにする方法もあるが、ここで紹介するのは、旨みの完成度の高いスープをとって、その中でシンプルに米を煮る例。ここではまず赤エビでカルドをとり、スープ料理風の米料理に仕立てている。現地の仕上がりはアルデンテだが、日本では「それより一歩進んだ」程度の煮加減に。噛み締めることでスープの味わいがしっかりと口に広がる。

#バスク
#アロス・カルドソ
#魚介

材料

赤エビのカルド

赤エビの頭…500g

a

> トマト　大2個
> 玉ネギの焦がしソフリート＊…40g
> ニンニク（皮付き）…1株
> イタリアンパセリ…5g
> シェリーワイン…200ml

ミネラルウォーター（沸かす）…2L

アロス・カルドソ（2人分）

ニンニク（みじん切り）…1かけ

塩、オリーブ油…各適量

赤エビのカルド…900ml

米（ボンバ米）…120g

赤エビ（殻をむく）…6尾

ズッキーニ（皮部分のみじん切り）…適量

＊玉ネギのみじん切りをオリーブ油で約2時間かけてしっかりと色づくまで炒めたもの。

赤エビのカルド

1　材料aを合わせ、ハンドブレンダーにかけてピューレ状態にする。

2　鍋を熱する。赤エビの頭にオリーブ油をまぶし、鍋に入れて強火で一気に炒める【A】。
　＊強火で、できるだけ短時間で炒める。

3　香ばしく炒まったら、1を加え【B】、水分がほとんどなくなるまで煮詰める。沸かしたミネラルウオーターを加える【C】。
　＊常温の水を加えると温度が下がり、エビの臭みが出てしまうので必ず熱湯にして加える。

4　すぐに沸くので、アクを除いて【D】、約15分間煮る。

5　シノワで漉す。エビの頭を押さえてエキスを押し出す【E】。

アロス・カルドソ

1　ニンニクをオリーブ油で炒め、色づく前に赤エビのカルドを加える【F】。沸いたらアクを除き、米を加える【G】。

2　ボコボコと沸いた状態を保ち、米を踊らせながら煮る【H】。11分間たったら赤エビを入れ、さらに1分間加熱し、火を止める。1分間休ませてから皿に盛り、ズッキーニを散らして提供する。

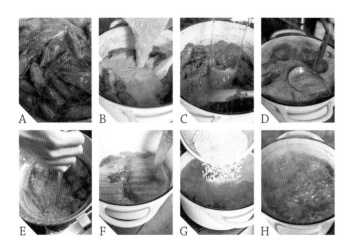

A　B　C　D

E　F　G　H

Note

☑ここでの主役はカルド。「おいしいスープで米を味わう」料理です。

☑ボンバ米は噛み締めておいしく、煮上がりのベストの状態が長く続くところが好みで、これがない場合は、イタリアのナノ米を使っています。

Paella valenciana

バレンシア風パエージャ

米料理の本場バレンシアが誇るパエージャ、つまりアロス・セコの
超定番。クラシックな具材は骨付きのウサギや鶏肉、カタツムリ、
ガロフォン豆（乾燥ライ豆）、平サヤインゲンで、ソフリートは使わず、
トマトでコクを、サフランで香りをつけるのが標準型だ。ディテー
ルは町や店や家庭ごとにそれぞれの流儀がある。
ここではオーブンを使用するが、本来パエージャ鍋は直火（伝統では
薪火）にかけて調理するものだ。現代では、途中まで直火で煮て最
後にオーブンに入れて表面を乾かすなど、いろいろな工夫がある。

#バレンシア
#アロス・セコ
#家禽
#豆

[調理解説] 前田庸光 ─────────────────────

材料（口径29cmの鍋［1台：2〜4人分］）

ウサギ骨付き肉（ぶつ切り）
　　…50g×3個
鶏骨付きもも肉（ぶつ切り）
　　…70g×3個
オリーブ油…適量
ピメントン（甘口）…小さじ1
トマトソース*（p.200）…50ml
サフラン…1つまみ
ローズマリー…軸1〜2本
モロッコインゲン…45g
白花豆（水でもどし、ゆでたもの）…45g
鶏のカルド（p.200）…600ml
米…160g

*ホールトマト（缶）にニンニクとイタリ
アンパセリを加えてミキサーで混ぜたもの。
「トマテ・パエージャ」と呼ばれる、パエー
ジャ用の非加熱トマトソース。

1　パエージャ鍋にオリーブ油を引いて強火にかけ、ウサギ肉と鶏肉を
　　皮目から焼く【A】。色づいたら裏返して火を止め、フライパンの
　　空きスペースにオリーブ油、ピメントンを落として香りを引き出す
　　【B】。
　　*ピメントンが焦げないよう余熱で炒める。

2　パウダーの上にトマトソースを落とし【C】、混ぜる。サフラン、ロー
　　ズマリー、モロッコインゲン、白花豆、鶏のカルドを加える【D】。

3　沸いたら肉を取り出し、スープを塩で調味し、米を鍋全体に均等に
　　ふり入れる【E】。肉を見栄えよく並べ、鍋を300℃のオーブンの下
　　段に入れる【F】。6分間たったら状態をチェックし（必要なら塩と水
　　を足す）【G】、オーブン上段に入れてさらに9分間加熱する。
　　*オーブン加熱は計15分間。前半は下段で底面に強火を当て（お焦げをつ
　　くる）、後半は上段で表面を乾かしながら焼く。

4　鍋のふちにお焦げができ、中央部が乾いていることを確認して、
　　オーブンから取り出す【H】。直火であぶったローズマリー（分量外）
　　を肉になでつけて香りを移し、提供する。

Note

☑パエージャでは肉に下味はしません。
　オーブンに入れる前に塩で味を決め
　ます。

☑オペレーションの便宜上オーブンを
　使いますが、直火の瞬間的な強火を
　再現するために試行錯誤して、「300
　℃で15分間、前半は下段、後半は
　上段」という方法になりました。お
　焦げをつくり、お米はかすかに芯を
　残して食感を出すように仕上げます。
　ちなみにバレンシア現地では「オー
　ブンの下段→上段で加熱・最後は鉄
　板にのせてしっかりお焦げをつく
　る」という方法をよく見ました。

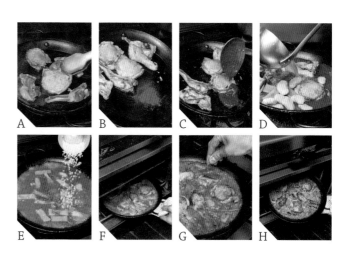

A　B　C　D
E　F　G　H

Arroz Negro
アロス・ネグロ

アロス・ネグロはよく便宜的に「イカスミのパエージャ」と訳されるが、実際はパエージャ（＝アロス・セコ）ほど乾いておらず、むしろメロッソ寄り。とろりとクリーミーな状態に仕上げる。
イカスミは全体がしっかり黒くなるまで加える。中途半端な黒ずみは美しくなく、香りも弱い。具材は小さく切り揃えて黒色に溶け込ませ、見た目にも舌触りにも一体感を持たせる。

#カタルーニャ〜バレンシア
#アロス・メロッソ
#魚介
#ソフリート

[調理解説] ホセ・バラオナ・ビニェス

材料（2〜3人分）

イカ…150g（正味）

豚もも肉…220g

タケノコ
（水煮／またはアーティチョーク）
…80g

ニンニク（みじん切り）…1かけ

玉ネギ（小角切り）…120g

赤パプリカ（小角切り）…120g

黄パプリカ（小角切り）…120g

カットトマト（缶）…40g

イカスミソース（p.199）…大さじ2

魚介のカルド（p.199）…約600ml〜

塩、オリーブ油…各適量

米…200g

ライトアイオリ*（好みで）

E.V.オリーブ油…適量

*ニンニクオイルと牛乳をハンドブレンダーで撹拌して乳化させたもの。

1　イカ、豚もも肉、タケノコを5〜7mm角に切り揃える。

2　厚手の広口浅鍋にオリーブ油を引き、ニンニク、玉ネギ、パプリカ、を弱〜中火でじっくりと炒める（15分間〜）【A】。これに豚肉、タケノコ、イカ、カットトマトを順に加えて【B】、炒め合わせる。
＊営業ではここまでをまとめて仕込んでおく。

3　イカスミソースを加え混ぜる【C】。米を加え、温めた魚介のカルド400ml、塩を加える【D】【E】。沸騰したらカルド100〜200mlを足して、ひたひたの状態に調整し【F】、オーブン（210〜220℃）に入れる。
＊直火にかけて調理してもよい。

4　10分後に鍋をオーブンから取り出して火にかける（必要ならカルドを足す）。オリーブ油を少量加えて【G】、へらでゆっくりと混ぜながらさらに煮る（約5〜6分間）【H】。塩で味をととのえる。
＊混ぜながら煮ることで、米からでんぷんを引き出し、クリーミーな状態に仕上げる。トータルの加熱時間は16〜17分間が目安。

5　2〜3分間休ませて皿に盛る。ライトアイオリ、E.V.オリーブ油をかける。

Note

☑豚肉は赤身だけを使います（脂身があるとポツポツと透明な部分ができて見映えが悪いので）。イカスミを使う以上は「真っ黒」が大切で、全具材を小さく切り揃えることがポイントです。今回はタケノコを使いましたが、季節であればアーティチョークがお勧めで、味も食感もよく合います。

☑繊細な口当たりに合わせ、さらっとしたライトアイオリを仕上げにかけました。通常のアイオリなら少量で。

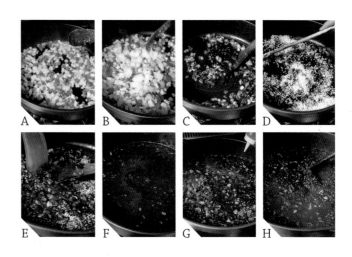

A　B　C　D

E　F　G　H

Arroz a banda

アロス・ア・バンダ：魚介だしのパエージャ

コスタ・ブランカ（バレンシア州アリカンテ一帯の海岸地方）の伝統的な漁師料理。魚船の上で小魚や甲殻類をごった煮にしてスープをとり、そのスープで米を炊いたいわば「具なしのパエージャ」。原形では魚介は皿に盛って別に添える。といってもだしがらなので、あくまで具のないパエージャがメインだ。現代のレストランでは、あらかじめ用意した魚介のカルドを使うことが一般的。新鮮魚介を一緒に炊き込んだり、別途ソテーして添えるアレンジもある。

#バレンシア
#アロス・セコ
#魚介
#ソフリート
#アイオリ

[調理解説] ホセ・バラオナ・ビニェス

材料（2〜3人分）

玉ネギとピーマンの
ソフリート（p.199）
…大さじ山盛り3
トマト（すりおろす）
…小½個
米…160 g
魚介のカルド（p.199）
…600ml

アイオリ
ニンニク…1かけ
卵黄…1個
オリーブ油
…40〜50ml
塩…適量

Note

☑ アロス・セコ全般に言えますが、最大のポイントはオーブンに入れる前に最終的な塩味が決まっていること。その後で味の調整はできませんからきちんと味見して調味します。

☑ 表面が乾いていることは必須。鍋の底にお焦げをつくりたければ、最後に直の強火で火入れします。

1 パエージャ鍋（または厚手の浅い広口鍋）を火にかけて玉ネギとピーマンのソフリートを入れて炒め、トマトを加える【A】。軽く炒め、鍋底に焼き汁がこびりついてきたら、米を加える。すぐに魚介のカルドを加える【B】【C】。

2 沸騰したら（水分が足りなければカルド、または水を足し）、2分間ほど煮て塩で味を決め、220〜230℃のオーブンに入れる【D】。

3 11〜12分間後にオーブンから取り出す。水分がまだ残っていたら1分間ほど強火にかけて、セコ（乾いた状態）にする。火からおろし、1〜2分間休ませる。

4 鍋ごと食卓に提供する。アイオリを添える。

アイオリ

1 ニンニクと塩をモルテーロに入れて、完全なペーストになるまですりこ木でつぶす【E】。

2 オリーブ油、卵黄を加えて混ぜ、乳化させる【F】。つながりにくければオリーブ油を足す。

A B C
D E F

Fideuá

フィデウア

フィデウアという料理は、長さ2～3cmのパスタ（フィデオ）でつくる「パスタのパエージャ」のこと。調理方法はアロス・セコと同じだが、米ほど水を吸わないので、カルドの量は少なめで、加熱時間も短くなる。ちなみにフィデオにも超極細から太めまで何種類かのサイズがあり、細いマカロニ状のものもある。

もっとも典型的なフィデウアが、"アロス・ア・バンダ（p.146）のパスタ版"だ。つまり魚介のスープが主役で、具材は入れないか、入れるとしてもエビのみ、イカのみ、とシンプルに仕上げる。

#カタルーニャ～バレンシア
#パスタ料理
#魚介
#ソフリート
#アイオリ

[調理解説] **ホセ・バラオナ・ビニェス**

材料（2～3人分）

玉ネギとピーマンのソフリート
　（p.199）… 大さじ山盛り3
フィデオ（乾麺）＊… 120g
魚介のカルド（p.199）… 400～450ml
塩
アイオリ（p.147）

＊スペイン製の短い乾麺。カッペリーニを約3cmにカットして使ってもよい。

1　フィデオを180℃の油で揚げ、ペーパーにとって油をきる【A】。

2　パエージャ鍋（または厚手の浅い広口鍋）を火にかけて玉ネギとピーマンのソフリートを入れ【B】、揚げたてのフィデオ、魚介のカルドを加える【C】。塩で調味して2分間煮たてる【D】。もし水気が足りなければひたひたまで水を足し、210℃のオーブンで加熱する（4～5分間）。
　＊加熱時間はフィデオの細さによる。

3　水分が飛んで、全体がずるずると動かなくなり、表面が乾いて麺がピンピンと立っていることを確認してオーブンから取り出し、アイオリを添えて提供する。
　＊最終的な煮加減は好みで。鍋を揺らして底が軽くずれたら、やわらかめの仕上がり。お焦げをつけたければ、最後に直火に少しかける。

Note

フィデオを揚げて使うのは私のやり方です（一般的には、鍋で2～3分間炒めて、そこにカルドを加えます）。揚げると旨みが加わる上、パスタがスープを吸い込みやすくなり、ぐんとコクが深まります。

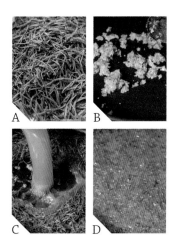

A　B
C　D

食の現地レポート_04

スペインの米事情

米文化は、地中海側にあり

　世界でいちばん有名なスペイン料理と言えば？そう、「パエリア」。まるでスペイン料理のアイコンとして扱われているが、本来、米は地域色の強い食材。伝統的な米料理はカタルーニャ、バレアレス諸島、バレンシア、ムルシアといった地中海沿岸地方のものだ。

　米はイスラムの系譜を引く"アラブ食材"で、歴史を紐解くと、アラブの支配下にあった8世紀頃にバレンシアの海岸湖アルブフェラの周辺で米作が始まり、周辺地域に広がった。その後、キリスト教徒による国土奪還後に米作は制限され、米食文化は大幅に縮小。ブランクは500年も続き、その後、18〜19世紀になって水田が増えていったとか。それが現在に至る米食カルチャーにつながる。

スペインの米は、ジャポニカ種

　スペインの米は長粒種だと思っている人がいるが、いわゆるスペイン米は短〜中粒米のジャポニカ種で、日本とおなじく水稲栽培だ。伝統的な有名産地で、EUの原産地呼称保護（DOP）の認定を受けているのは以下の3地域。

①バレンシア州の特定地域（DOPアロス・デ・バレンシア）

水田の中にポツンとある作業小屋。昔は前庭で稲を干した。かつてのバレンシア水田地帯の典型的な光景だ。

②カタルニア州のエブロ川の河口域（DOPアロス・デ・デルタ・デル・エブロ）
③ムルシア州カラスパラを主とする（一部隣接州にまたがる）米保護区（DOPカラスパラ）

　ちなみに生産量では、最大産地はアンダルシア州。19世紀にバレンシア移民によってグアダルキビル川流域に米作が導入され、現在は長粒米（インディカ種）も生産している。

バレンシア米とボンバ米

　バレンシアで生産される主要品種は、セニア、バイア、ボンバの3品種。

　現地取材した際に、地元の料理関係者が「バレンシア米」と呼んでいたのは、セニアだった（またはセニア・バイア──バイアはセニアに性質が似ており、よく一緒に表現されるという）。中粒種で、粘りを出すアミロペクチンを多く含む。その特徴は「ほどよくソフト、マイルドな味わい。米はよくスープを吸収し、スープには充分にでんぷん質を与え、最終的に米とスープが一体となり、クリーミーに仕上がる」と。地元でもっともポピュラーで、バレンシア米料理の特徴を一番に表すと表現する人もいた。

　一方、ブランド米的に名高いのが、ボンバだ。価格も圧倒的に高い。丸みがかった小粒の短粒米で、アミロースを多く含むためコシが強く、吸水力が高い。たっぷりとスープを吸い、その後も粒立ちがよくてヘタリにくく、多少時間が経っても糊化しにくいという特徴がある。ボンバの発祥はバレンシアだが、ムルシアのカラスパラ産のボンバ米はとくに評価が高い。カラスパラは内陸の標高350〜500mの山間で、朝晩は冷え込み、水温も低く、米生育中の湿度も低めで、この環境がでんぷん質を凝縮させるという。

　では、スペインのシェフたちはどのように米を選ぶのか。

　「米とスープが渾然一体となるバレンシア米こそ理想」、「米自体がコシと旨さを主張するボンバは最高」……と意見が分かれるところだが、状況に応じて──スープにでんぷんを充分に引き出したい場合はバレンシア米、より米の存在感を出したい、また多少の作りおきを想定するならボンバを──と、使い分けをするという声もよく聞かれた。

BACALAO

バカラオ

バカラオの基礎知識

バカラオとは何か

バカラオは、タイセイヨウダラの身を塩漬け・熟成させたもの。スペイン食文化に深く関わる食品だ。昔は（海岸エリアを除けば）鮮魚を食べる機会はなかったはずで、「魚と言えばバカラオ」であり、キリスト教の習慣で肉食を避ける金曜日はバカラオの日でもあった。内陸、沿岸を問わず、全国にさまざまなバカラオ料理がある。

タイセイヨウダラ自体は北洋の魚で、カンタブリア沿岸をベースにするスペインの捕鯨船が北米域のニューファンドランド島周辺でタラ漁を行うようになったのは15〜16世紀頃（一説にコロンブスの新大陸発見よりも前）だという。漁をして船内で処理・塩漬けし、イベリア半島に持ち帰る——その長い船旅が「塩蔵による保存食」を生んだというわけだ。

現代のバカラオ

昔のバカラオは「常温の塩蔵品」で、塩気がガッチリと強く、かたく、表面は酸化して褐変し、独特のクセの強いものだったが、最近のスペインではそこまでは塩気の強くない「冷蔵のバカラオ」が主流となっている。さらに減塩を強調するタイプもある。

バカラオは高級食材だが、部位によって大きな価格差がある。背肉中央の分厚い部分（とくに芯の真っ白い部分）が最高級品で、端の薄い部分、ミガス（バラバラのほぐし身）の順で、安価になる。分厚いものほど「もどし」に時間がかかり、テクニックも必要だ。

バカラオの下処理〈もどす→塩抜き〉

バカラオ調理の決め手は下処理にある。表面から芯までをやわらかく、同じ加減に塩抜きする。完全に塩を抜くと旨みも抜けてしまうので、その見極めが鍵。一般には次の手順でもどす（スペイン産やポルトガル産の輸入冷凍バカラオ、ブロックの場合）。

①冷水に浸し、解凍しながらもどす
・約3倍量の水に浸し、冷蔵庫内に静置。
・必要日数は個体の厚さによる。厚いもので3日〜1週間かかる。
・この段階では基本的に水は換えない。
・芯までやわらかくなったら取り出す（厚みは約2倍に）。
②ウロコ、褐変部分、内部の薄い膜などを掃除する
③塩抜き〈新しい水に換え、浸水〉
・目的に応じた塩加減になるまで、約3時間おきに水を換えながら徐々に抜く。その都度塩気を確認すること。

Note
もどし方のポイント

中村篤志
☑表面を洗ってから氷水に浸けて冷蔵庫に。低温下で時間をかけてもどすことが大切です。今風の低塩品の場合は、（塩分がむしろ抜けないよう）塩入りのぬるま湯に浸し、表面が溶けたら水をきり、冷蔵庫でもどします。

ホセ・バラオナ・ビニェス
☑時間短縮したい場合は、途中で塊をほぐす、あるいは流水でもどします（ただし味が抜けやすいので注意）。ミガスの場合は2〜3時間浸水してもどしたのち、30分〜1時間おきに水を換えながら塩抜き。最大の鍵は味見で、使用目的にあった塩加減か、表面と芯が同程度であるかどうかも確認します。

小西由企夫
☑スペインでは業者が塩抜きもしてくれます。なお、昔風の常温塩蔵品のバカラオは、水に浸けるだけではなかなかもどらないので流水でもどします。

Note
"バカラオ"の自家製

本多誠一
☑北欧産タイセイヨウダラ（冷凍）を使って自家製しています。上質な身厚の部分がリーズナブルに使え、自分で塩や熟成加減を調整できるのがメリット。

ホセ・バラオナ・ビニェス
☑日本のマダラを塩漬けしてもバカラオ特有のコクは出ません。ただ、ブランダーダは自家製の塩ダラで代用することがあります（マダラを粗塩で2〜3週間漬け込み→カット→冷凍）。

バカラオの調理法

タイセイヨウダラの最大の特徴はゼラチン質が豊富なこと。それは独特のクセにもつながるが、塩蔵することで旨み、コクのある風味に変わる。バカラオの基本の調理方法は「低温のオリーブ油の中で煮る」こと。ゼラチン分をできるだけ身に留め、その風味をオイルとなじませながら、しっとりと仕上げる。ちなみに、最後にその油をかき混ぜて（ゼラチンとオイルを）乳化させたものがバスク名物のピルピルソースだ。
なお、カタルーニャには、もどしたバカラオのほぐし身をそのまま（加熱せずに）サラダ的な冷製料理に仕立てる習慣もある。

バカラオの調理：
低温のオリーブ油で加熱する

1　鍋にオリーブ油（高さ1〜1.5cm）、タカノツメ1本、ニンニク2〜3かけを入れて火にかける。ニンニクが色づいたら火からおろして常温に冷ます。

2　塩抜きしたバカラオを入れる（油量はひたひた程度）【A】【B】。

3　約65℃を保ちながら、芯が生温かくなるまで煮て（約7〜8分間）【C】、取り出す【D】。

バスクの典型料理：
加熱に使った油でピルピルソースをつくる

1　鍋に残った油の上澄みを取り分け、底に沈んだゼラチンと油が1対1になるようにする【A】。

2　1に漉し網の底を当てて混ぜ、乳化させる【B】。
＊取り出したバカラオから滲み出た汁も加える。

3　取り分けた油も少しずつ加えて、さらに混ぜる【C】。
＊油の割合が多いほど、ソースがかたくなる。

4　バカラオを皿に盛り、3のソースをかける【D】。

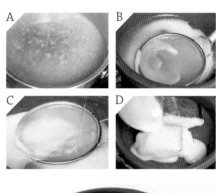

バカラオのピルピル　Bacalao al pil-pil　［調理］小西 由企夫

Bacalao al pil-pil
con almejas

バカラオのピルピル、アサリとともに

バカラオ調理は「低温のオリーブ油で煮る」から始まる。その最後
に油を揺すり、バカラオから出たゼラチンと油を乳化させたものが
ピルピルソースだ。これはバカラオ漁船の中で生まれたと言われる
（船の揺れでバカラオを煮る油が乳化した。ピルピルとは油で煮るときの音…）。
バスクにはバカラオのピルピル仕立てに何かをプラスアルファする
料理バリエーションがある。これは、アサリでつくるバスクの代表
ソース、サルサ・ベルデを加えたもの。

#バスク
#バカラオ
#ピルピル
#サルサ・ベルデ

材料（1人分）

塩抜きしたバカラオ…130g×1枚
ニンニク…1かけ
タカノツメ…1本
オリーブ油…適量
白ワイン…10ml

サルサ・ベルデ（2人分）
オリーブ油…約30ml
ニンニク（みじん切り）…1かけ
タカノツメ…1本
アサリ…10個
薄力粉…大さじ1
白ワイン…50ml
魚のカルド（p.200）（または水）…150ml
イタリアンパセリ（みじん切り）…適量

1　カスエラにオリーブ油（高さ1〜1.5cm程度）、ニンニク、タカノツメを入れて火にかけ、ニンニクが浮いたらバカラオを（皮を下に）入れる。油表面が静かに揺れる温度を保ち、約10分間（途中でひっくり返す）加熱する【E】。

2　バカラオに火が入ったら、カスエラの底に溜まったゼラチンと油の量が1対1程度になるよう、油の上澄みを取り出す【F】。残った油に白ワインを加え、カスエラを揺すってぐるぐる回し（または泡立て器で混ぜ）、乳化させる【G】。

3　バカラオを取り出して皿に盛る。乳化したソースに、サルサ・ベルデを加え【H】、よく混ぜて塩で味をととのえる。イタリアンパセリを加えて、皿に流す。

サルサ・ベルデ

1　ニンニクとタカノツメをオリーブ油で熱し、アサリを加えて軽く炒める。

2　薄力粉を鍋の数カ所に分けて加え【A】、白ワインを加えて、液体がつながるよう鍋を揺すりながら混ぜ【B】、魚のカルドを加えて軽く煮る【C】。口が開いたら火を止める【D】。

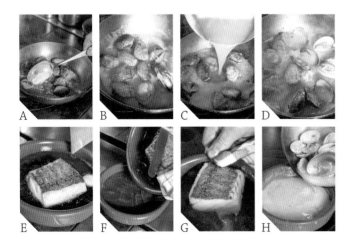

A　　B　　C　　D

E　　F　　G　　H

Note
☑泡立て器で乳化させると効率的ですが、ハンドブレンダーは不向き（空気を含ませすぎるので）。どろんとした素朴な舌触りが、ピルピルらしい仕上がりです。

☑「ピルピル」も「バカラオのサルサ・ベルデ」添えも、どちらもおいしい料理ですが、両者のミックスが個人的には最強と思っています。

Bacalao
a la vizcaína

バカラオのビスカヤ風

バカラオ料理の豊富なバスクでは、バカラオに各種ピメント（トウガラシ〜ピーマン）を組み合わせた例が多い。これもそのひとつで、低温の油で加熱したバカラオと、チョリセロで濃密なコクと旨みをつけたソース（ベースは玉ネギや赤ピーマンのソフリート）との組み合わせだ。ピルピルと並ぶ伝統料理で、イースターの食卓の常連だ。

［調理解説］小西由企夫

\# バスク
\# バカラオ
\# ソフリート
\# 伝統ソース

Note

☑①玉ネギの甘みが旨みの土台なので、茶色になるまで時間をかけて炒めること。②チョリセロのソースなので、トマトは控えめに。トマトを使わないシェフも多いと思います。③ムーランを使ってざらっとした粗めのピューレにしています。ミキサーにかけるとなめらかになりすぎるので。

材料（約2人分）

塩抜きしたバカラオ…130g×2枚
オリーブ油…適量
タカノツメ…1本
ニンニク…1かけ
サルサ・ビスカイナ…90g

サルサ・ビスカイナ

ニンニク…6かけ
バゲット…薄切り×15枚
オリーブ油…200ml
ラード…70g
ソフリート
　赤玉ネギ（薄切り）
　　…4個
　赤パプリカ（細切り）
　　…2個
　生ハム（セラーノ）のくず
　　…110g

ピメントン（非燻製のもの）
　…30g
チョリセロの果肉
　…8個分
　（水に浸けてもどす）
ホールトマト（缶）…800g
ブランデー…200ml
赤ワイン…200ml
鶏のカルド（p.198）…2.5L
塩

1　塩抜きしたバカラオを低温のオリーブ油（＋タカノツメ、ニンニク）で煮る（p.153参照）。皿に盛り、サルサ・ビスカイナをかける。

サルサ・ビスカイナ

1　鍋にオリーブ油を入れて、ニンニク、バゲットをオリーブ油で揚げて取り出す。

2　この油にラードを加え、赤玉ネギ、赤パプリカ、生ハムのくずを入れて、茶色になるまで炒める。ピメントン、チョリセロを加えて軽く炒め、ホールトマト、ブランデー、赤ワインを加えてアルコールを飛ばし、鶏のカルドを加えて15〜20分間煮る。

3　1のニンニク、バゲットをモルテーロでつぶし、仕上げ前の鍋に加え、軽く煮て濃度をつける。塩で味をととのえ、ムーラン（回転式の漉し器）で漉す。

Bacalao al Club Ranero

バカラオのクラブ・ラネロ風

バカラオのピルピル（p.153）仕立てにプラスアルファの要素を加えたアレンジバージョンのひとつ。ピルピルにピペラーダを加える。

[調理解説] 小西由企夫 ―――――――――

材料（約2人分）

塩抜きしたバカラオ … 130g×2枚
オリーブ油 … 適量
タカノツメ … 1本
ニンニク … 1かけ
ピペラーダ（p.84）… 140g

1　ピペラーダを仕込む（p.84「ピペラーダ」参照）。

2　塩抜きしたバカラオを、低温のオリーブ油で加熱して取り出す。（p.153参照）

3　その油を使って、ピルピルソースを仕立てる（p.153参照）

4　ピペラーダを適度に温め、ピルピルソースに加え、よくなじませる【A】【B】。

5　皿に2を盛り、4のソースをかける。

ナバラ
バカラオ

Note
☑ ピルピルとの組み合わせはほかにも、「＋緑ピーマンピュレ」「＋パセリ＋ココチャ（メルルーサの顎肉）」などいろいろあります。店では百合根のピューレを組み合わせたりもしています。

A　　　　B

Brandada de bacalao

ブランダーダ

バカラオとニンニク、オイルでつくるふわふわペースト。トーストにのせて、その旨みと塩気、なめらかさを楽しむ。いわば「バカラオのリエット」だが、ゆるめにつくれば「バカラオ風味のマヨネーズ」になり、料理のパーツとしてさまざまにアレンジできる。パンの上にぬり、アイオリをのせてグラタンにすれば軽いランチにもなる。

#カタルーニャ
#バカラオ
#前菜

[調理解説] ホセ・バラオナ・ビニェス ─────

材料

塩抜きしたバカラオ…400g
ジャガイモ（角切り）…150〜200g
ニンニク（半割、芯を除く）…2かけ
E.V.オリーブ油…50ml
生クリーム（軽く煮詰める）…50ml
牛乳…適量

1　バカラオを水に浸けてもどす。触感でもどりを確認してから味をみて、塩気が強すぎたら新しい水に浸け換えてしばらくおく。水を絞る。1割量は別に取り置く。

2　ジャガイモとニンニクを水からゆで、ほぼ火が通ったらバカラオを入れ、弱火で1分間温めて火を止める。

3　2の水をきり、フードプロセッサーに移す。パルス3回でざっと混ぜ、E.V.オリーブ油、煮詰めた生クリームを加え、さらにパルスで3回ほど回す【A】。
　*かたさを見て、必要なら牛乳を加えてやわらかさを調整する。

4　取り置いたバカラオをこまかくきざんで加え【B】、混ぜ込む。
　*この状態から1日ねかせると、味がよりまとまる。

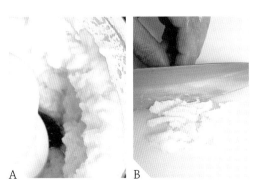

A　　　　　　B

Note

☑ジャガイモを入れないバージョンもあります。ただし日本の甘塩ダラで代用する場合はジャガイモを入れるほうがよいと思います。

☑バカラオをコンフィにしてからつくるバージョンもあり。

☑最後にきざんだバカラオを“塩代わり”に加えると、なめらかさの中にバカラオらしい歯ごたえも出て、よりおいしく感じられます。

Pimientos del piquillo rellenos de brandada

ピキージョのブランダーダ詰め

ブランダーダのアレンジ例。甘みと香りの濃いピキージョピーマン（ナバラ産の赤ピーマン。グリルして皮をむいた加工品）は、ブランダーダの塩気、旨みととても相性がよい。中に詰めれば食べやすく、赤と白の色合いもきれいとあって、定番の組み合わせ。

ナバラ
前菜
バカラオ
野菜

［調理解説］ホセ・バラオナ・ビニェス ────

材料（2人分）

ピキージョピーマン（瓶詰）… 4枚
ブランダーダ（p.158）… 120g
薄力粉… 適量
全卵… 適量

ポロネギのソース（仕上がり約300g）
ポロネギ（粗みじん切り）… 300g
魚のカルド（p.199）… 100ml
薄力粉… 小さじ½
塩… 適量
オリーブ油… 適量

1 ポロネギのソースをつくる。ポロネギをオリーブ油でゆっくりと炒める（10分間〜）。薄力粉をふり入れ、さらに炒めて粉気を抜き、魚のカルドを加えて軽く煮る。ミキサーにかけ、塩で味をととのえる。

2 ピキージョピーマンにブランダーダを詰める。表面全体に薄力粉を薄くまぶし、とき卵を薄くつけて揚げる。

3 1を皿に敷き、2を盛る。

Note
☑ピキージョのブランダーダ詰めは、軽い煮込みなどいろいろなアレンジがあります。ここでは香ばしさのアクセントをつけるために粉をつけて揚げました。赤い色が透けて見えるよう、粉も卵もごく少量にします。

Buñuelos de bacalao
バカラオのブニュエロ

クロケタ（コロッケ、p.114）同様の、ひと口サイズの揚げもの。熱々を口にするとまずはふんわり軽く、そこにジャガイモのホクホク感とバカラオの旨み、塩気が混じり合う。生地のメレンゲと小麦粉の量とのバランスがテクスチャーの鍵となる。

#カタルーニャ
#バカラオ
#ジャガイモ
#前菜
#フリット

[調理解説] ホセ・バラオナ・ビニェス ───────────

材料

塩抜きしたバカラオ…300g
ジャガイモ（角切り）…300g
ニンニク（半割、芯を除く）…1かけ
卵黄…1個
卵白…1〜2個分
薄力粉…大さじ3〜
ニンニク（すりおろし）…⅓かけ
イタリアンパセリ（みじん切り）
　　…適量

1　バカラオを水に浸けてもどし、塩抜きしてほぐす（p.158「ブランダーダ」手順1参照）。

2　ジャガイモをニンニクとともに水からゆでる。火が通ったらバカラオを加え、弱火で1分間温めて火を止め、しばらく置く。

3　ざっと水をきってボウルに入れ、フォークでつぶす。塩味を確認し、足りなければ塩を加える。卵黄を混ぜる【A】。

4　卵白を泡立てて、3に加えてさっくりと混ぜる【B】。ふるいにかけた薄力粉を、生地のかたさを見ながら何回かに分けて加え、こまかくきざんだバカラオを加える【C】。イタリアンパセリを加える。

5　生地の確認のため少量を揚げる【D】。適正なら生地がふわっと膨らむ。生地が膨らまない場合は卵白が足りず（→卵白を足す）、油の中で生地がパーッと散ってしまう場合は卵白が多すぎる（→薄力粉を足す）。

6　仕上がった生地を指先で軽くまとめて、つぎつぎに油に落とし、揚げる【E】。水分が抜け、きれいに色づいたら引き上げて網にとる。
＊揚げ上がりを割った状態【F】。

A　　　　　B　　　　　C

D　　　　　E　　　　　F

Note

☑私はブニュエロの生地にフードプロセッサーは使いません。フォークでざっくりつぶすことでイモのホクホク感とバカラオの旨みが伝わります。

☑生地が残ったら1〜2日間冷蔵可能ですが、使う際に、改めて試し揚げをして卵白と小麦粉の量を調整します。

こだわりのコンセルバス
（保存食品）

　食材の豊かなスペイン。新鮮食材はもちろんのこと、保存食品（コンセルバス）にも高い品質を追求する伝統がある。たとえば缶詰。この国ではその地位はけっして低くない。ときにはむしろ高い。旬の素材の最高潮の味わいをすぐに加工、封じ込めることに価値を置き、また長期熟成でしか得られないおいしさを尊ぶ伝統があるからだ。もちろん大メーカーの大衆缶詰もあるが、一方に、缶詰グルメの文化がある。一例を紹介しよう。

カンタブリア産アンチョビのフィレ

　魚介系缶詰の代表例は、アンチョビ（カタクチイワシの塩漬け）やオイル漬け、マグロやイワシのオイル漬け、貝類の水煮やエスカベチェなど。

　スペインでも、日本の角打ちのように缶詰をタパスとして出すバルがあるが、どの銘柄を揃えるかにその店の格が表れる。また、高級レストランの前菜メニューに「〇〇社のカンタブリア産アンチョビのフィレ」という品名を見ることも。最高級アンチョビは皿に並べるだけで特別な一品になる。イベリコハムと肩を並べる食材なのだ。

　アンチョビは地中海側ではローマ時代からつく

られているが（今もカタルーニャに有名製品がある）、大西洋側では、19世紀にシチリアの業者が技術を持ち込んでから。カンタブリア海の冷たい海で育つカタクチイワシは脂がのり、身はしっかり。塩漬けすると、冷涼な気候下でゆっくりと発酵熟成するため旨みが緻密、かつ繊細とあって、不動の名声を得るようになった。

　カタクチイワシは水揚げ直後に頭と内臓を除き、樽（または10kg缶）に塩を打ちながら並べ重ね、重石をして漬ける。重石を徐々に軽くしながら漬けること数カ月〜1年。塩と重石の使い方で、味のすべてが決まるそうだ。

　レストラン向けに出荷される塩漬け品もあるが、一般市場用は、それをフィレに加工したオイル漬けだ。塩を落とし、1尾1尾ずつ開き、ヒレと骨を完全に除いて缶に並べる……すべて熟練を要する手作業だ。それも伝統で、アンチョビをはじめ高級な魚介缶は、蓋を開けた時にまずその美しい並び具合に感嘆させられる。

　なお、フィレになったアンチョビは厳密には「半保存食品」で、冷蔵保存、かつ数カ月以内の消費が奨められている。

ナバラのピキージョピーマン

　バスクやナバラ料理でおなじみのピキージョピーマン。レストランで使われているものも生鮮食材ではなく、ほとんどが保存食品だ。

　ピキージョは野菜産地として有名なナバラの特産品だ。10月の収穫期には専門の市場が開かれるなど、地元はピキージョ一色になる。

　伝統的な地元家庭の瓶詰め方法は、ピキージョを焼いて（炭火ローストが最高）、皮をむき（水を使わないことで風味を100％生かす）、瓶に入れて蓋をし、煮沸消毒するだけ。果肉から自然にジュースが出て、それに浸かった状態になる。

　メーカー商品も基本は同じ。素材自体の氏素性、サイズや等級、加工の丁寧さ（伝統的な水不使用の手むきなのか、水使用の機械むきか）、仕上がりの形の美しさ、瓶詰か缶詰などにより、幅広い価格差がある。

左／樽漬けよりも高級な10kg缶の塩漬け。魚の頭は外、尾は内側に並べ、段ごとに90度向きを変えながら重ね、全体に均等に塩が回るようにする。右上／1尾1尾丁寧に掃除して、フィレを缶に並べる。　右下／これは「ピキージョのブランダーダ詰め」。トマトソースを加えて封じ、商品になる。

HUEVOS,
ENTRANTES

卵料理
その他の前菜

Tortilla de patatas

ジャガイモのトルティージャ

スペイン人が特別な思いを寄せる、スペイン食文化のシンボル。材料もつくり方もシンプルだが、人それぞれにこだわりがあり、プロセスの詳細（＝つくり手にとってのおいしさの決め手）はじつにさまざま。全国レベルのコンクールもあり、だれもがこの料理には熱くなる。地域差もあるが、一般的につくりたてを食べるトルティージャはふんわりと半熟加減に、バルのタパスやデリ用ならかなり厚みをもたせてしっかりと火を入れて仕上げる。

#全土
#卵
#ジャガイモ

[調理解説] 小西由企夫

材料（21cmのフライパン1個分）

全卵…5個
ジャガイモ（メークイン）…2個
玉ネギ…⅔個
オリーブ油…適量
塩…適量

1　玉ネギを薄切りにする。ジャガイモを約7mm幅に切る。

2　鍋に玉ネギを敷き詰め、その上にジャガイモを入れる【A】。オリーブ油をひたひたに加え、弱火で約15分間煮る【B】。ときどき混ぜる。

3　芯まで火が通り、ジャガイモの表面がごく軽く色づいた状態で火を止め、油をきる。塩を加えて木べらで軽くつぶす【C】。

4　熱いうちにボウルに入れ、すぐにとき卵を加えてしっかりと混ぜ合わせる【D】。軽く塩をふり、味を確認する。
　　＊熱いイモと卵を混ぜることで、卵に軽く火を入れていく。

5　オリーブ油を引いて熱しておいたフライパンに4を流し入れる（強火）【E】。
　　＊イモと卵を混ぜる作業と並行して、フライパンは煙が出るほどに熱しておく。

6　数秒たつとふちが固まってくる【F】。フライパンをあおって、卵生地を向こう側から手前にたたみ込みながら（火入れ具合を均等にするように）加熱し【G】【H】【I】、全体が半熟になったら火を弱めて、卵のふちを整える【J】。再び強火にしてフライパンをあおり、トルティージャを裏返す。底面を軽く焼き【K】、すぐに皿に移す【L】。
　　＊トータルの加熱は1〜2分間程度。

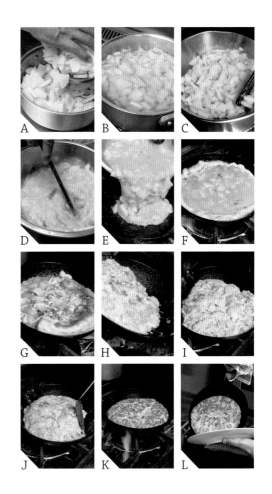

A　B　C
D　E　F
G　H　I
J　K　L

Note

☑ポイントは①ジャガイモを煮たら塩でしっかりと味をつける。②熱いうちにつぶし、卵とよく混ぜ合わせて、卵に2割くらい火を入れてからフライパンで素早く焼く。③オーブンには入れないこと。オーブンで焼くと、卵がいったんはスフレのように膨らんで、その後しぼんでしまいます。

Revuelto de bacalao

スクランブルエッグ、バカラオ入り

スペインのスクランブルエッグは朝食用ではなく、卵と具材のハーモニーを楽しむ、歴とした一品料理。具材はキノコ、グリーンアスパラガス、チョリソ、バカラオなどがポピュラーだ。手近な食材を使ってすぐにでき、季節感も出せる。

#ナバラ
#卵
#バカラオ

［調理解説］**本多誠一**

材料（1人分）

塩抜きしたバカラオ…80g
葉ニンニクのコンフィ…大さじ1
　│ 葉ニンニク（みじん切り）
　│ オリーブ油
全卵…2個
オリーブ油…適量
塩…適量

1　バカラオを低温のオリーブ油（高さ1.5cmほど）で約15分間煮る【A】。鍋から取り出し、粗熱がとれたらひと口大にほぐす【B】。

2　葉ニンニクのコンフィ：葉ニンニクをたっぷりのオリーブ油で炒める【C】。冷ましておく。

3　卵をときほぐし、1と2を加える。

4　フライパンを熱してオリーブ油を薄く引き、3を流し入れる【D】。スプーンで手前に「寄せる→戻す」を手早く繰り返し【E】【F】、ふんわりと火入れする（約30秒間）。すぐに皿（またはカスエラ）に盛る。

A　B　C
D　E　F

Note
☑ バカラオは無塩のアイスランド産（冷凍）を解凍し、自分で塩漬けしたものを使っています。

Huevo frito al estilo de Sóller

揚げ卵のソジェル風

ウエボ・フリット（揚げ卵）は初歩的な家庭料理だが、バルや食堂でもフライドポテトやピストなどを取り合わせた一品料理になる。ソジェルはマジョルカ島の漁師町の名前。揚げ卵にフレッシュな豆のソースと、島特産のソブラサーダソーセージを取り合わせたスタイルで知られる。

#マジョルカ
#卵
#フレッシュ豆

材料（2人分）

全卵…4個
ソブラサーダ（→p.187）…輪切り4枚

フレッシュ豆のソース

グリーンピース…100g
ソラマメ…100g
ニンジン（薄切り）…½本
ポロネギ（薄切り）…2本
鶏のカルド（p.198）…200〜300ml
ミントの葉…適量
塩、オリーブ油…各適量
牛乳…少量
アニス酒…少量

1 フライパンに多めに油を張って火にかける【A】。
   ＊ディープフライではないので、卵が完全に油に浸からない量。

2 約170℃に熱したら卵を静かに入れる【B】。

3 すぐに白身が広がって膨らんでくる【C】。端を網杓子ですくって内側に折り返し（数カ所）、黄身を包み込む【D】【E】。

4 すくい上げてペーパーにとる【F】。
   ＊揚げ時間はトータル約1分間。

5 カスエラにソブラサーダを置き、揚げ卵をのせる。フレッシュ豆のソースを流し入れ、オーブンで温めて提供する。

フレッシュ豆のソース

1 鍋にオリーブ油を引き、ポロネギとニンジンを弱火でゆっくりと炒めて旨みを引き出す。グリーンピースとソラマメを加えて軽く炒め合わせ、鶏のカルド、ミント、塩を加えて煮る。

2 豆に火が入ったらミキサーにかけ、漉す。

3 鍋に入れ、牛乳を適量加えてのばし、香りづけにアニス酒を加える。

A B C
D E F

Note

☑ 家庭では目玉焼き風（片面揚げ）でも、バルや食堂ではこのように白身で黄身を包んで仕上げることが多いと思います。卵の新鮮さがポイント。油温の目安は、白身を入れたときにハネ散ったり沈んだりしないことで、入れたらすぐにふわーっと膨らんでいくのが理想です。膨らみすぎたら杓子の底でつついて抑えます。

☑ ソースはグリーンピースだけ、またはソラマメだけでつくってもOK。ソブラサーダのオイリーな旨みとピメントンのコクに、豆の香りと舌触りがよく合います。

全土
卵
ジャガイモ
レフリート

Huevos rotos
con patatas fritas

壊れ卵とポテトフライ

揚げ卵とポテトフライとレフリートの組み合わせは卵かけごはん的なスペインの国民食。卵はぐちゃぐちゃに壊してポテトとからめて食べる。軽く酸味をきかせたレフリートが相性の要だ。

[調理解説] 小西由企夫 ─────────

材料（1人分）

ジャガイモ（メークイン）… 1個
全卵… 2個
レフリート
　ニンニク（みじん切り）… ½かけ
　オリーブ油… 45ml
　ピメントン（甘口）… 小さじ½
　白ワインヴィネガー… 15ml
塩… 適量
オリーブ油… 適量

1　ジャガイモをバトンに切り、180℃の油で揚げる。油をきり、塩をふって皿に盛る。

2　卵を揚げて（p.169→手順1〜4参照）、1にのせる。

3　レフリートをつくる。オリーブ油でニンニクを炒め、ピメントンを加えて混ぜ、すぐに白ワインヴィネガーを加える。これを2にかける。卵を軽く壊して、提供する。

Note
☑卵は"ポテトのソースにする"ことが前提です。

☑全国どこにでもある庶民の料理です。レフリートで香ばしさをつけ加えるところがスペインならでは。少々ジャンキーな、病みつき的なおいしさがあります。

Tortilla de butifarra y mongetes

ブティファラと白インゲン豆入りオムレツ

ブティファラ（カタルーニャ特産の生ソーセージ）を具にしたオムレツ。タパス用の分厚いトルティージャとは違い、やや薄めに焼き、ふわりとやわらかく仕上げる。

[調理解説] 小西由企夫 ─────────

材料（1人分）

玉ネギ（薄切り）…1個
a
  ニンニク（半割、芯を除く）…1かけ
  オリーブ油…適量
卵…4個
ブティファラ（輪切り）…80g
白インゲン豆（水煮したもの）…120g
塩…適量
オリーブ油…適量

1　鍋に材料aを入れて火にかけ、香りが出たら玉ネギを加え混ぜる。塩を加え、ときどきかき混ぜながらじっくりと加熱する（約20分間）。

2　ボウルに卵をとき、1、ブティファラ、白インゲン豆を加える。

3　フライパンにオリーブ油を引き、2を流して焼く。へらで混ぜながら中〜弱火で加熱する。火が入ったらフライパンをふって裏返し、反対面にも焼き色をつけて皿に移す。

カタルーニャ
卵
腸詰
豆

Note

☑ジャガイモが入らない（＝でんぷん質がない）ので卵はまとめづらくなります。半熟にせずに、しっかりと火を入れてから裏返します。

Ensaladilla rusa

ロシア風サラダ

ポテトサラダのこと。ロシア風と呼ばれるが、そもそもマヨネーズはスペインのマジョルカ島がルーツ（ほかにも諸説はあるが）だ。スペインの国民食のひとつと言ってよいほどベーシックな総菜。

#全土
#ジャガイモ
#野菜
#マヨネーズ

[調理解説] 前田庸光

材料（仕上がり約1kg）

ジャガイモ（角切り）… 600g（正味で）
ニンジン（角切り）… 200g（正味で）
グリーンピース… 50g
ローリエ… 1枚
塩… 適量
固ゆで卵… 1個
ツナフレーク（缶）… 80g
黒と緑のオリーブ… 各20g
黒挽きコショウ… 適量
ピメントン（甘口）… 適量
ピキージョピーマン（缶）… 適量
アンチョビのフィレ… 適量
イタリアンパセリの葉（みじん切り）… 適量

マヨネーズ（仕上がり約200g）

卵黄… 1個
全卵… ½個
E.V.オリーブ油… 20g
塩… 2g
白ワインヴィネガー（またはレモン汁）… 3g
サラダ油… 約150g

1　ジャガイモ、ニンジン、グリーンピースを、それぞれ2％の塩水（ローリエも加える）でゆでる。ザルにあげ、冷ます。ボウルに合わせる。

2　マヨネーズをつくる。卵とサラダ油以外の材料を混ぜ、サラダ油を少量ずつ加えながらハンドブレンダーでかき立てる【A】【B】。
　＊ふんわりとボリュームが増え、ほどよい固さになるまで。

3　固ゆで卵を粗みじんに切る。

4　1のボウルに3とツナ、オリーブ、黒挽きコショウ、ピメントンを加え、マヨネーズ100gを加える【C】。ヘラで全体を混ぜる。

5　皿に盛り、細切りしたピキージョ、アンチョビのフィレをのせ、イタリアンパセリを散らす。

Note

☑ ポイントはイモ類の塩ゆで時にしっかりと下味をつけること。味の骨格がしっかりしていてこそ表面にからんだマヨネーズの卵の風味が生きてきます。

☑ 酸味のタイプ、強弱はお好みで。スペインではヴィネガーを使わないケースもあります。一方、ほぼ同じ材料の「田舎風サラダ（Ensalada Campera）」の場合は、マヨネーズを使わない。ジャガイモはマッシュせずにゴロゴロのまま、ゆでたてをつぶしたゆで卵とヴィネガーであえ、最後にオリーブ油と塩を加えます。

A
B

C

カタルーニャ
野菜

Pan con tomate

パン・コン・トマテ

「トマトをぬったパン」。カタルーニャ食生活の基本フードで、地元にはトマトもパンもこれ専用のものがある。ミディサイズのそのトマトは水分が少なめで、赤い果肉がみっちりと詰まったもの。夏の終わりに軒下に吊るしておき、次のシーズンまで使う（乾いて皮はしぼむが、果肉はより凝縮してクリーミーになる）。パンは、バゲット、チャバタ、カンパーニュなどが向き、トーストして使う。

[調理解説] ホセ・バラオナ・ビニェス ────

材料（すべて適量）

チャバタ…適量
トマト…適量
マルドン塩、E.V.オリーブ油…各適量

1　パンは、チャバタを用意し、幅1〜1.5cmにカットする【A】。トーストする。

2　小さくて果肉の多いタイプのトマトを横半分に切る【B】。
　＊水分の多い、大きなトマトは不向き。

3　パンにトマトの断面をぬりつける【C】。

4　皿に盛り、マルドン塩をふってE.V.オリーブ油をふりかける。

A
B　C

Note

☑パン・コン・トマテは本来は秋冬のもの。春夏はおいしいフレッシュトマトがあるので、スライスしてパンにのせて食べます。

☑ニンニクの香りをつけたければ、トーストに生ニンニクを「軽く1こすり」してからトマトをぬります。

☑食べる場面は「前菜」。生ハムやチョリソの供に欠かせません。大衆的な食堂ではパンとトマトがそのまま出てきて、お客さんが自分でぬります。

☑昔はカタルーニャ以外の地方で見ることはほとんどありませんでしたが、20年ほど前に全国的なブームになりました。

Trinxat de la Cerdanya

セルダーニャ風トリンチャット

カタルーニャ北部、ピレネーの冬の郷土料理。雪の下で甘みを増した山のキャベツ（香りも強い）と保存食のジャガイモ、豚肉加工品だけでつくる素朴な一品だ。ここでは山のキャベツの代わりにちぢみホウレン草を使い、アレンジスタイルで。

[調理解説] ホセ・バラオナ・ビニェス ──────

カタルーニャ　　# ジャガイモ
豚肉加工品　　　# 野菜

材料（2〜3人分）

ちぢみホウレン草… 2株
ジャガイモ（皮をむき、カット）
　… 大1個
パンセタ… 70〜80g
ゆでた豚足（あれば）… 50g
塩、オリーブ油… 各適量
パンセタの極薄スライス… 適量

1　ジャガイモを水からゆでる。火が通ったら、同じ鍋にちぢみホウレン草を加え、1〜2分間ゆでる。同時にゆで上げてザルにあげる【A】。

2　パンセタと豚足を角切りにして、フライパンでソテーする【B】。パンセタがカリカリになったら1を加え、フォークの背でジャガイモをつぶしながらざっくりと混ぜ【C】、ひとつにまとめながら焼く【D】。底面がこんがりときれいに色づいたら、裏返して反対面にも焼き色をつける。

3　皿に盛り、パンセタをのせる。

Note

☑トリンチャットと焼いたパンセタの盛り合わせは、冬山の食堂の定番メニュー。伝統的には先にパンセタのスライスをソテーして取り出し、その脂を使ってトリンチャットを焼き上げます。

☑材料に豚足を加えたのは私の好みで、ゼラチン質が加わってよりおいしくなります。

A

B

C

D

Pipirrana andaluza

ピピラナ：角切り野菜のサラダ

トマト、玉ネギ、ピーマン、キュウリなどの角切りを混ぜたアンダルシアの定番サラダ（他の地方では「サルピコン」と呼ぶものとほぼ同じ）。バルのタパスの定番であり、焼いた肉や魚や揚げもののつけ合わせに、また濃度のあるスープの浮き実にもなる。カディス風は魚のグリル、マラガ風はタコを取り合わせるなど、地域特有の具材やスタイルがある。ここではハエン風に、ツナとゆで卵の取り合わせで。

［調理解説］小西由企夫 ——————————

#アンダルシア　#卵
#サラダ　#ツナ

Note

☑「ピピラナ」も「サルピコン」も同じ料理ですが、私はピピラナには必ずクミンを入れて、アンダルシアらしい風味に仕上げています。

☑私のレストランでは、カツオの薄切りマリネに極小野菜のピピラナをかけた前菜を、現代版アレンジとして提供しています。

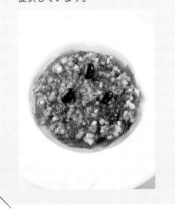

材料（2人分）

トマト…½個
玉ネギ…¼個
ピーマン…2個
キュウリ…1本
酢漬けケイパー…大さじ1
ビナグレタ（仕込み量）
　ニンニク（皮をむく）…1かけ
　クミン…小さじ½
　E.V.オリーブ油…150ml
　白ワインヴィネガー…60ml
　塩…適量
固ゆで卵（くし形切り）…2個
ツナ（缶）…小1缶
黒オリーブ（種抜き）…適量

1　トマト、玉ネギ、ピーマン、キュウリを7mm程度の角切りにしてボウルに合わせる。酢漬けケイパーも加える。

2　ビナグレタをつくる。モルテーロにニンニクとクミンを入れてすりこ木でつぶす。E.V.オリーブ油、白ワインヴィネガー、塩を加えてよく混ぜ、1のボウルに加えてあえる。

3　皿に盛り、固ゆで卵、ざく切りにしたツナ、黒オリーブをのせる。

POSTRES

デザート

全土

Arroz con leche

アロス・コン・レチェ：ライスプディング

スペインではフラン（プリン）と並んで好まれる家庭的デザート。ヨーロッパ中でポピュラーだが、スペインの場合はシナモンとレモンで香り付けするのが一般的だ。米一粒一粒はくずれる寸前のやわらかさので、それがミルクのクリーミー感と完全に一体となっていることが理想。なお、アストゥリアス風の場合は、表面に砂糖をふって焦がすスタイルになる。

[調理解説] **小西由企夫** ———————

材料（直径12cmのカスエラ8台）

牛乳 … 1L
水 … 300ml
a
  │ レモンの表皮 … ¼個分
  │ オレンジの表皮 … ¼個分
  │ シナモンスティック … 1本
米 … 125g
グラニュー糖 … 150g
シナモンパウダー … 適量

1　牛乳、水を鍋に合わせ、材料aを加える。弱火で熱して柑橘やシナモンの香りを牛乳に移す。

2　沸いたところに米を入れ、吹きこぼれないように弱火で煮る。

3　米がやわらかくなったら（18〜20分間後）グラニュー糖を加え混ぜる。溶けたら火を止め、aを取り除き、カスエラに流す。粗熱をとって、冷蔵庫でしっかりと冷やす。

4　提供直前に、シナモンパウダーをふりかける。

Note
☑グラニュー糖は米がやわらかくなってから加えます。最初から入れると、米に火が入りにくく、かつ、鍋が焦げつきやすくなります。

Torrija

トリハ

スペイン版のフレンチトースト。本来はかたくなったパンを牛乳に浸し、とき卵にくぐらせてオリーブ油で揚げ焼きする。ここで紹介するのは、ブリオッシュを使ったレストランのデザート向けのトリハ。パン自体がリッチなので卵は使わず、鉄板で均一に焼きつけて、軽やかに香ばしく仕上げる。

[調理解説] **本多誠一** ─────────

#全土

材料

ブリオッシュ … 適量
牛乳 … 250ml
グラニュー糖 … 40g
a
　シナモンスティック … 1本
　レモンの表皮 (削る) … 少量
　オレンジの表皮 (削る) … 少量
カソナード … 適量
生クリーム (乳脂肪分35%) … 適量

1　牛乳とグラニュー糖を合わせ、aを加える。いったん沸かして火を止め、そのまま冷まして香りを移す。漉す。

2　ブリオッシュを厚さ2cmほどにカットして、1にひと晩浸す (ぷよぷよになる)。

3　バットにカソナードを敷き、2のブリオッシュを置いて下面にまぶし、予熱した鉄板に置く。焼いている間、上面にもカソナードをふる。

4　下面がカラメリゼされたら、裏返し、反対面もカラメリゼする。側面も焼く。

5　皿に盛り、泡立てた生クリームを添える。

> *Note*
> ☑フライパンを使う場合は高温に熱してオリーブ油とバターを引き、ブリオッシュを置きます。鉄板ならよりパリッと、フライパンならしっとりとした仕上がりになります。

Goxua

バスク風ラム酒のケーキ

デザート名の「ゴシュア」は、バスク語で「甘い、おいしい」という意味。一般的には、生クリーム、カスタード、ウイスキーシロップしみ込ませたスポンジの3層仕立てにして、表面をカラメリゼする。ここでは、ラム酒風味のスポンジ3枚の間に、生クリームを合わせたカスタードを挟むアレンジスタイルで。

#バスク

[調理解説] 小西由企夫 ─────────────────────────

材料（直径21cmのカスエラ1台分）

スポンジ（直径18cm1台分）
　全卵…2個
　グラニュー糖…60g
　薄力粉…60g
カスタード
　牛乳…290ml
　グラニュー糖…70g
　卵黄…2個
　コーンスターチ…20g
　バニラビーンズ…1/3本
　レモン表皮…1/4個分
　バター…6g
生クリーム（乳脂肪分42%）…50ml
シロップ
　グラニュー糖…40g
　水…80ml
　ラム酒…100ml

1　スポンジを用意する。全卵とグラニュー糖を合わせ、湯煎にかけながら泡立てる。ふるった薄力粉を加えて混ぜ、型に流して180℃のオーブンで約25分間焼く。

2　カスタードを用意する。バニラビーンズを割いて種子をしごき、グラニュー糖に合わせる。

3　牛乳、バニラのさや、レモン表皮を鍋に入れて、沸かし、火を止めて冷ます。

4　ボウルに卵黄と2を入れ、すり合わせる。混ざって白くなったらコーンスターチ、3を加え、混ぜる。網に通して漉しながら、鍋に入れる。弱火にかけ、たえず混ぜ続けて、濃度がついたら（コーンスターチに火が入ったら）火を止め、バターを加え混ぜる。バットに流して冷やす。

5　4に生クリームを加えて、なめらかにする。

6　シロップ用のグラニュー糖と水を合わせて熱し、グラニュー糖が溶けたら冷ます。ラム酒を加える。

7　スポンジの上面を薄く削ぎ、厚みを2分割し、そのうち1枚をカスエラに敷く。刷毛で6のシロップをしみ込ませ、5のクリームをのせる。その上にスポンジ1枚をのせ、同様に2回繰り返す。最上段のスポンジに、グラニュー糖をふる。熱した焼きごてを当ててカラメリゼする。

Note

☑オリジナルは1977年のビトリアの祝日に生まれたと聞いています。アルコールを含んだびしょびしょのスポンジとクリームが口の中でとろけて酔っ払う……イタリア菓子のズッパ・ロマーナのようなお菓子です。

Crema catalana

クレマ・カタラナ

フランスで「クレーム・ブリュレ」と呼ばれるデザートの元祖。カタルーニャで古くから伝わるデザートで、聖ジョゼップの日（3月19日）」に食べる習わしがある。

#カタルーニャ

[調理解説] ホセ・バラオナ・ビニェス ―――――――――――――――

材料（直径8cmのカスエラ6〜8個分）

牛乳… 1L
レモン表皮… ½個分
バニラビーンズ… ⅓本
シナモンスティック… 1本
コーンスターチ… 36g
グラニュー糖… 90g
卵黄… 6個（120g）
グラニュー糖（カラメル用）… 適量

アレンジバージョン
グラスデザート風
　クレマ・カタラナの生地
　リンゴ（または洋梨）のコンポート
　生クリーム
　グラニュー糖
小菓子風
　クレマ・カタラナの生地
　ミニタルト生地
　グラニュー糖

1　鍋に牛乳700ml、グラニュー糖、レモン表皮、バニラビーンズ、シナモンスティックを入れて火にかける。沸騰したら火を止め、蓋をして10分間おく。常温近くまで冷ます。

2　ボウルにコーンスターチと卵黄を合わせて混ぜ、牛乳300mlを加え混ぜる。1の牛乳も加え混ぜ、泡立て器で混ぜる。シノワで漉して、別の鍋に移す。

3　鍋を火にかけ、弱火でクリーム状になるまで煮る（8〜10分間）。バットに流して、ラップフィルムを密着させて表面を覆い、氷水に当てて冷ます。カスエラのふちギリギリまで流し入れる。

4　焼きごてをガス火で熱する【A】。ココットのクリームの表面にグラニュー糖をふり、こてを当ててカラメリゼする【B】【C】。

アレンジバージョン

1　グラスデザート風：グラスの底にフルーツのコンポートを敷き、泡立てたクリーム、クレマ・カタラナの生地を順に重ねる。表面にグラニュー糖をふって、焼きごてでカラメリゼする。

2　小菓子風：焼いたミニタルト生地にクレマ・カタラナの生地を山形に盛り、グラニュー糖をふってバーナーでカラメリゼする。

A

B

C

Note
☑地元の家庭では、大きなカスエラ（やバットなど）につくって食卓で取り分けて食べるのが普通です。

☑アレンジ例は、フルーツと組み合わせたレストランデザート用と、ピンチョススタイルです。

\# バスク

Tarta de queso

バスク風チーズケーキ

サン・セバスチャンのラ・ビニャというバルレストランが考案して以降、多くの地元レストランに伝播し、さらにアメリカ、日本で大流行したベイクドチーズケーキ。表面に焦げ色をしっかりつけて香ばしさを立たせつつ、内部はやわらかくクリーミー、であるのが特徴だ。

［調理解説］小西由企夫 ────────

材料（直径15cmの型2台分）

クリームチーズ…400g
グラニュー糖…160g
塩…5g
全卵（とく）…3個
生クリーム…200g
薄力粉…50g

1　クリームチーズ、グラニュー糖、塩、とき卵の一部をフードプロセッサーにかけ、ダマがなくなるまでしっかりと混ぜる。

2　さらに、残りのとき卵を少しずつ加えながら回し、なめらかな生地にする。

3　生地をボウルに入れ、生クリームを加えて泡立て器でさっくりと混ぜ合わせる。

4　薄力粉をふるって3に加え、ダマにならないように混ぜる。

5　ケーキ型に硫酸紙を敷き、4を流す。260℃のコンベクションオーブンに入れ、6分後に型の置き位置を前後入れ替えてさらに7分間焼く。取り出して、常温に置いて粗熱をとる。

Note

☑少し高めの温度設定で焼き、外側をしっかりと色づけ、中は若干生焼け気味に仕上げます。焦がしすぎると、苦くなるので注意。粗熱がとれた時点が、最高の食べ頃です。冷蔵庫に入れるとかたくなるので、つくった日に売りきりたいお菓子です。

Tocino de cielo

トシーノ・デ・シエロ

歴史のあるお菓子で、卵黄のコクとしっかりとした甘さが特徴。ちなみにトシーノとは豚脂のことで、その色と旨みをなぞらえたものだ。このレシピはフルーツやピュレと取り合わせやすいようバニラ風味にしているが、シナモン風味にするとより「スペインらしい」風味になる。

[調理解説] 小西由企夫 ────────

#アンダルシア

材料（9cm×18cmのパウンド型1台分）

卵黄… 8個

a
| グラニュー糖… 330g
| 水… 200ml
| オレンジ表皮… ¼個分
| レモン表皮… ¼個分
| バニラビーンズ… ¼本

カラメルソース
| グラニュー糖… 適量
| 水… 適量

1　材料 a を鍋に合わせて火にかけ、106℃になるまで煮詰める。火を止めてそのまま冷ます。

2　グラニュー糖を少量の水とともに火にかけ、色づくまで熱してカラメルソースをつくる。型に流して、冷ます。

3　ボウルに卵黄を入れてほぐし、1 を加え混ぜる。

4　カラメルを敷いた型に 3 を流し、97℃のコンベクションオーブンで約45分間湯煎焼きする。

5　取り出して冷ます。

Note

☑ シナモン風味にする場合は、レシピのバニラビーンズをシナモンスティック½本に代えます

☑ スペインのレストランではよくこれをひと口サイズ（トシニージョ）につくり、プティフールとします。小さなプリン型を使いますが、型抜きしやすいようにカラメルは流さず、型に薄く水飴をぬるのがコツです。

SABORES
DE ESPAÑA

Información sobre los productos

スペインの味──食材の知識

エンブティードスが
支える、
スペインの味

A

バラエティ豊かな腸詰天国

「エンブティードス」とは腸詰（ソーセージ）のこと。スペインには各地に多種多様の腸詰がある。昔の農村では、冬に入る前に村じゅうでマタンサ（豚を屠ること）を行い、つぶした豚の肉、内臓、血液を使ってさまざまな腸詰をつくり、1年間の食糧として保存した。

基本材料は豚肉、豚脂、スパイス、ニンニクだが、内臓や血を使ったもの、鹿肉などのジビエを使うものもある。肉や副材料の配合、中心スパイス（大別すると、ピメントン風味かコショウ風味か）、加工方法（生、乾燥、加熱）によって、さまざまなタイプ、種類がある。

スペインの腸詰の大きな特徴に乾燥がある。加熱していない材料を詰めただけの腸詰もあるが、それを乾燥させるタイプが（ごく短い〜長期熟成まで）非常に幅広くあるのだ。一見「生」風でも、数日干してあるものが多く、脱水して味わいが凝縮し、日持ちがよくなる。期間や方法はいろいろで、燻製工程を入れて乾燥させる場合もある。また、長期乾燥熟成タイプの中には微生物（白カビ）の働きによって風味を増加させるものもある。

【非加熱タイプの腸詰例】

・**生〜半生**：加熱調理用。冷蔵または冷凍で流通。ゆでたり、焼いたり、煮込みの副材料にしたりと、料理のあらゆる場面に登場する。
・**乾燥熟成**：常温保存品。太さによって最低熟成期間の長さ、かたさは異なる。調理せずに薄切りにして（細くしっとりとしたものはちぎって）食べる。

チョリソ chorizo（生〜半生〜乾燥熟成）

ピメントン由来の赤い色が特徴の、スペインを象徴する腸詰。地方によってピメントンの辛みに差があり、レオンやリオハなど北部地域は辛だが、メキシコのチョリソほどには辛さを突出させない。肉・脂・ピメントンの旨みと風味の調和から生まれるコクが特徴。乾燥タイプはその個性がさらに際立った、生ハムと並ぶおつまみの王様だ。生〜半生の調理用タイプは、バランスのとれた「旨みの素材」として、煮込み料理などに多用される。なお、地域によって、牛肉を一定量混ぜたもの、鹿やイノシシの肉を使ったものもある。

チストラ chistorra（半生）

ナバラ、リオハ特産の細めの腸詰。ピメントンとともにチョリセロを使うこと、脂肪の含有量が多いことが特徴。さっとソテーして食べることが多く、焼くと真っ赤な油がにじみ出る。

ソブラサーダ sobrasada（乾燥熟成）

マジョルカ島特産。豚肉と脂をペースト状になるまで挽いてからピメントンその他で調味して腸詰めし、乾燥熟成させる。脂肪分が高く、中はねっとりとしたパテ状で、そのままトーストにぬったり、輪切りして焼いて食べるほか、ピメントン風味のコクのある肉パテとしてさまざまに使える。マジョルカの在来種の黒豚を使ったものは非常に風味が高く、プレミアムな製品として珍重される。

サルチチャ salchicha（生）

コショウ風味の生ソーセージ。

サルチチョン salchichón（乾燥熟成）

コショウ風味の乾燥ソーセージ。いわゆるサラミ。

ロンガニサ longaniza（生〜半生〜乾燥熟成）

サルチチャの一種、または地域的な別名。材料の配合はさまざまなバリエーションがあり、アラゴン風、ナバラ風、カタルーニャ風（イョングニサと呼ぶ）、バレンシア風など、それぞれに伝統スタイルがある。

A ソテーしたモルシージャのカットに、パンを添えたタパス。バルにおけるポピュラーなスタイルだ。　B 生ブティファラのグリルにゆでた白インゲン豆（地元の言葉でモンジェッ）を添えたカタルーニャの定番料理。　C 某イベリコハムメーカーの伝統的なチョリソの乾燥室。天井からびっしりとチョリソを吊るしている。部屋の中心部に小さなオークの炉があり、一定期間は窓を閉じて軽く燻製するという。　D 長期熟成タイプの腸詰は薄くスライスしておつまみに。左からロモ・エンブチャード、サルチチョン、チョリソ。　E スペインではどの町の市場でも、地元はもちろん全国のさまざまなタイプの腸詰が売られている。

ブティファラ　butifarra（生～半生）

　カタルーニャ地方独特のサルチチャ（地域によってイョングニサと呼び分ける）。赤身肉の比率が多めで、比較的さっぱりとしていると言われる。

ロモ・エンブチャード　lomo embuchado（乾燥熟成）

　ロモとは背ロースのこと。豚ロースの周囲の脂肪層を取り除き、調味して腸に詰め、乾燥熟成させたもの。いわば「背肉の生ハム」で、薄切りして食べる。

【加熱タイプの腸詰例】

モルシージャ　morcilla

　血のソーセージ（材料を腸詰め後、ゆでて、乾かす）。ブルゴス風が有名だが、全土にさまざまな風味のものがあり、豚血と脂のほかに玉ネギ、米、松の実など、具材を入れたものが多い。少量の砂糖やフルーツを加えた甘いものもある。血を固めるために加熱（ゆでる）してから製品になる。

ブティファラ・ネグラ　butifarra negra

　カタルーニャ風の血のソーセージ。赤身肉も入る。ソテーするなど調理しても食べるが、買った状態で切ってそのまま食べることも多い。

ブティファラ・ブランカ　butifarra blanca

　豚挽き肉を主体にしたコショウ風味の加熱ソーセージ。豚足、豚耳などを入れたものも。テリーヌ感覚で、そのまま切って食べることができる。

スペイン風の腸詰をつくる

「それがある」ことでスペインの風味とカルチャーが備わるのが、腸詰。
今は冷凍の生チョリソ、モルシージャ、ブティファラなどが輸入されて
いるが、自家製の方法を紹介する。

[調理解説] 中村篤志 ────────────

Chistorra
チストラ

材料

羊の腸（塩漬けしたもの）…32g
イベリコ豚肩ロース…500g
豚ばら肉（ブロック）…500g
チョリセロペースト…200g
ピメントン（甘口）…適量
ピメントン（辛口）…適量
ニンニク（スペイン産／芯を除き、細かくきざむ）…10かけ
ミネラルウォーター…適量

チストラもチョリソも、つくり方の基本的なところは
同じですが、①チストラは脂の比率が多い。チョリソ
ならだいたい赤身7、脂身3の割合ですが、本場のチ
ストラは5対5。②チョリソは肉をミンチにせずにあ
る程度の塊で使います。③ピメントンと一緒にチョリ
セロも加えるので赤みは強め。手で練り合わせた時に、
ニンニクとチョリセロの香りがしっかりと立ってくる
ことが大切です。なお、現地ではバラ肉だけを使って
いましたが、ここでは味の濃いイベリコ豚のプレンサ
（肩肉）と、豚ばら肉を半々に使用。噛み締めると旨さ
がじわじわ湧いてくる感じのチストラです。

Note

☑冷蔵庫で乾かす際は吊るす、ま
たは網にのせて（紙等でカバー
する）。その後真空パックすれ
ば冷蔵で3〜4日間、あるいは
冷凍保存も可能。

☑そのまま焼いて食べるほか、地
元ではフライドエッグに添えた
りオムレツに入れたりします。

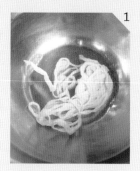

1

羊腸をひと晩水に浸してもどす。よく洗い、水にさらしておく。

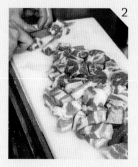

2

豚肩ロースを約2cm角、ばら肉を約1cm幅に切る。

3

2を肉挽き機（約3mm）で挽く。

4

粗めのミンチになった状態。

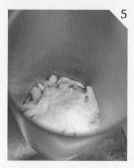

5

ニンニクと塩を合わせる。ミネラルウォーターを加えてブレンダーでピューレ状にする。

6

4のボウルに、5のピューレを加える。

7

チョリセロペースト、ピメントンを加える。

8

手でしっかりと混ぜ、ニンニクとピメントン類の香りを肉になじませる。

9

均一に混ざった状態。

10

ソーセージスタッファーの口に羊腸を奥まではめる。

11

適宜の長さで肉を区切って分け、それぞれの端をタコ糸で縛って、間を切り離す。

12

詰め終わった状態。

風通しのよい乾いた場所にひと晩吊るし、さらに冷蔵庫で1日置いて乾かす。

Morcilla de Burgos
ブルゴス風米入りモルシージャ

材料

ゆでた米…500g
　塩、オリーブ油…各適量
　ローリエ…1枚
豚血…500g
豚の背脂（1cm角切り）…500g
玉ネギ（みじん切り）…800g
塩…25g
豚腸…適量
レフリート
　ラード…80g
　イタリアンパセリ（粗みじん切り）…3つかみ
　ピメントン（甘口）…大さじ1
　ピメントン（辛口）…少量
　オレガノ…適量
　黒コショウ…適量
　ナッツメッグ…適量
　クローブ…適量

＊少量の塩、オリーブ油、ローリエを入れた水で
16分間ゆでたもの。ザルにあげて冷ましておく。

モルシージャはスペイン全土にありますが、地方ごとに具材や味つけ、仕上げの加工法がさまざまで、ローカルな特徴があります。ブルゴス風はモルシージャではとくに有名で、ゆで米をたっぷりと入れるのが特徴。「血入りソーセージ」と聞いてフランスのブーダンを想像して食べると、ずっとマイルドな味わいです。ソテーしたり、素揚げしてそのまま食べることが一般的。なお腸詰め作業上のポイントは、①材料を合わせたら軽く温め、少しかたくなってから氷で冷やすと、ほどよくとろみがついて、詰めやすくなります。②腸は常に湿らせておく。乾くと破れやすいので。

Note

☑米入りのモルシージャは多いのですが、ブルゴス風はとくに多め。ちなみにバスクで体験したものは「米なし、玉ネギではなくポロネギたっぷりと、シナモンの香りを効かせる」ものでした。また、アストゥリアス風は米は入れず、燻製してしっかりと乾燥させてセミドライに仕上げます。

1 豚血を網で漉す（レバーのような澱みがある場合があるので）。

2 背脂と玉ネギを弱火で1時間ほど炒める。ボウルに入れ氷水を当てて冷ましておく。

3 背脂レフリートをつくる。別のフライパンにラードを熱し、イタリアンパセリを炒める。

4 残りのスパイス類を加えてざっと混ぜ、冷ましておく。

5 冷ました2の玉ネギに4のレフリートを加える。

6 全体を均一に混ぜる。

7 別のボウルにゆでた米を入れ、6を加える。

8 さらに豚血を入れ、塩を加える。

9 全体を手でよく混ぜる。軽く湯煎にかけて少し固める。

10 色が黒っぽくなったら、氷水を当てて冷やす。少しとろみがついてくる。

11 シリンダーに豚腸を通す。

12 10の生地を絞り袋に入れる。

13 絞り袋の口金をシリンダーに装着し、端から絞り入れる。

14 詰め終えた状態。

15 適宜の長さで肉を区切って両側に分け、それぞれの端をタコ糸で縛って、間を切り離す。

16 沸く手前の温度で約15分間ゆでる。この後、涼しいところに吊るして冷ます。

ピカディージョという使い方

　生やセミドライの腸詰は、そのままの姿で（または
カットして）調理するだけでなく、腸をむいて中身を
ほぐして使うこともある。ほぐしたものをピカディー
ジョという。見た目はミンチ肉でも、チョリソなら
チョリソならではの、モルシージャならモルシージャ
ならではの味の深みとコクががあり、いろいろな使い
方ができる。

豚血のピカディージョ［前田庸光］

　モルシージャ系のピカディージョは卵料理に入れた
り、パイ包み焼きにしたり、いろいろな使い方ができ
ます。カタルーニャでは、ほぐしたモルシージャをガ
ルバンソ豆と炒めたものがポピュラーなお惣菜です。
これはモルシージャをほぐしてクミンで香り付けし、

カスエラに詰めて松の実を散らし、オーブンで温めた
もの。ワインのお供として人気の温かいおつまみです。

"詰めない腸詰"をつくる

　今は半生タイプのチョリソやブティファラも冷凍で
輸入されているが、いつでも入手しやすいと言う状況
ではない。腸詰という形が重要ではなく、風味がほし
いのであれば、腸詰の「中身」をつくり、簡易的な方
法で自家製するという手もある。
　つくり方のアイディアと使い方を紹介する。

詰めないチョリソ［ホセ・バラオナ・ビニェス］

・冬場の天気がよく乾燥した日につくる。
・豚ロース（脂あり1kg）とパンセタ（40g）を肉挽き機
　にかけ、ニンニクのすりおろし（2〜3かけ分）、塩
　（17g）、カイエンヌペッパー（0.5g）、うま味調味料
　（3g）を加えてよく混ぜて生地をつくる。バットに
　平らにならし、カバーをせずに外気に1〜2日さら
　して乾かす。自然に脂肪が滲み出るので、肉の中に
　よく混ぜ込む。
・冷凍保存できる。
・チョリソのピカディージョ代わりに、加熱調理して
　使う。

プラスチックフィルムでつくる
ソブラサーダ［本多誠一］

・イベリコ精肉の端肉を使用。
・豚の肩肉、プレサ、セクレト、ラード、背脂、ニン
　ニクを肉挽き機に合わせ、塩、ピメントン（甘口）、
　オレガノをよく混ぜる。ケーシング用のプラスチッ
　クフィルムに詰めて冷蔵庫内で2週間以上乾かす。
・真空パックして冷凍保存可能。

テリーヌ型でつくる
ブティファラ・ネグラ［本多誠一］

・豚ののど肉、舌、肝臓、心臓、ほほ肉、顔肉、皮を
　茹で、肉挽き機で挽いて混ぜる。これに背脂の塩漬
　けの小角切り、血、白コショウと黒コショウを混ぜ
　合わせる。テリーヌ型に流して、オーブンで焼く。
・料理の中の「味のポイント」として、必要な場面で
　カットして使う。

スペインの至宝、生ハム文化

アペリティーボの王者

　スペインの食事にはアペリティーボ（食前酒。そこから、食事前に軽くつまんで飲む談笑タイムのこと）の習慣がある。パーティー会食ではもちろん、レストランでもテーブルに着く前にバルコーナーでしばしタパス（小皿料理）をつまむのが普通で、家庭でも人が集まる休日の食事ならまずアペリティーボでリラックスする。

　おつまみの内容はいろいろだが、典型例を二つあげるならオリーブと生ハムだろう。前者は空気のようにいつもそこにあるもの、後者はそこにあるだけで気分があがるもの。パーティーで生ハム1本をカッティングすれば必ず行列ができる。日本人にとっての大トロのようなもので、美食の絶対エースなのだ。

二つの呼称、セラーノとイベリコ

　「世界最高の生ハムはスペインにある」ことは今では広く知られているが、国外の料飲業界で常識となったのは案外最近で、四半世紀ほど前からだ。当局によって種類、呼称、等級などの規格が整備され、輸出が拡大したことにより、世界のグルメの垂涎の的となった。

　スペインの生ハムはもともと山でつくられていた。かつては森で豚を放牧し、冬になる前にマタンサ（と畜）を行い、腸詰をつくり、ハムは塩漬けして山の冷たい空気にさらして熟成させていた。生ハムが古来、ハモン・セラーノ（山のハム）と呼ばれてきたのは、その名残である。つまり、「ハモン・セラーノ」は生ハムの総称だったわけだが、現代の規格では「ジェネリックな白豚の生ハム」を指す。一方で、イベリア半島在来のイベリコ豚でつくる生ハムのことを「ハモン・イベリコ」と呼び、両者を明確に区別している。

ハモン・セラーノ（jamón serrano セラーノハム）

　昔はどの国にも在来種の豚がいたが、現代は、生産効率の高い北欧系交配種（白豚）が養豚の主流で、スペ

インも同様。この一般的な白豚からつくられる生ハムが「ハモン・セラーノ」で、生ハム全生産量の9割を占める。メーカーは全国各地にあり、大部分は近代工場で大規模に生産、温度管理した熟成室で熟成させている。

ハモン・イベリコ (jamón iberico イベリコハム)

スペイン在来の黒豚、イベリコ豚でつくる生ハム。地中海沿岸国に生息した野生種の子孫と言われる豚で、脂肪がつきやすく、しかもそれが筋肉の中にサシとして細かく入る特徴がある。生ハムや腸詰やトシーノ（脂肪）にするには最高に向く性質だが、生産効率が悪いために一時頭数が激減し、品種も廃れかけた。しかし、その価値が見直されて戻し交配が進み、生ハムその他の生産や精肉供給が活発化した（豚肉全体から見ればごく少数の高級品だが）という経緯がある。「スペインガストロノミーの至宝」としての品質管理態勢も進んできた。

生産は、セラーノに比べると小規模な生産者がほとんど。「幻のハム」の伝統を守り続けてきた有名なブティックメーカーがある一方、近年は新しい資本も参入している。

なお、かつてこの豚の生ハムには昔から「パタ・ネグラ（黒脚）」とういう別称があるが、現在は、その呼称使用には一定のルールがある（「デ・ベジョータ、100%イベリコ種」の生ハムのみ使用可能）。

ハモン・イベリコの特徴と等級を知る

伝統的な飼育方法では、イベリコ豚は仔豚時代は農場で育ち、一定の大きさに育ち秋になると、広大なデエサ（オークの原生林）に放牧されて数カ月の肥育期間を過ごす。この放牧を「モンタネーラ」という。

モンタネーラの間、豚は1日平均14kmも歩き回り、ドングリや下草を食べて脂肪とミネラルを蓄える。"ドングリ由来の脂肪は上質で香り高く、オレイン酸が豊

左／ウエルバのデエサでのモンタネーラ光景。イベリコ豚の体格は一般的な白豚に比べるとスリムで、足が長く足首が細目。蹄は黒またはグレー。放牧の豚は豊富に運動するので蹄がしっかりと閉じている。

上・下／デエサは、イベリア半島の原風景と言われるオークの林。豚の大好物はエンシーナ（セイヨウヒイラギガシ）のドングリで、これを食べ尽くしてから、コルクガシのドングリを食べるという。

富で健康にもよい。運動によって赤身の旨みは濃くなり、そこに脂身が混じり合って霜降り状になる"——それが、最高峰と言われるイベリコハムのおいしさだ。

　ただし、現代のイベリコ豚すべてがこの条件下で育つわけではない。頭数の復活が進んでもデエサは増やせない。そもそもデエサの減少がイベリコ豚衰退の大きな要因なのだ。飼料だけで育つイベリコ豚もいるのが実態で、つまり、イベリコ豚製品にもさまざまな等級がある。

　品質を決定づけるファクターは純血度、餌と飼育方法、熟成期間…の主に3要素。イベリコハムを正しく知るために、現行規定（2014年勅令「イベリコ豚製品の品質に関する規定」）を基に、情報を整理しよう。

1. 血統

　イベリコ豚の肉質は本質的にその純血度に拠る。血統100%の豚は個体が小さく、成長も遅いので、プレミアム中のプレミアムな存在だ。規定では、血統50%以上のものが「イベリコ」と表示可能。製品ラベルには血統割合の表示が義務づけられている（血統は、血統登録台帳管理委員会が「血統証明書」を発行）。

広大な林は古い石垣で区分けされ、計画的に豚を移動させるが、施設に囲うことはない。豚は放牧期間を完全に自然の中で過ごす。デエサの生産能力に応じ、1haあたりの頭数も規定（0.25〜1.25頭）されている。

■50%イベリコ
　　母豚：100%イベリコ豚
　　父豚：100%デュロック豚
■75%イベリコ
　　母豚：100%イベリコ豚
　　父豚：100%イベリコ母豚×
　　　　　100%デュロック父豚の子
■100%イベリコ
　　両親とも100%イベリコ豚

2. 餌と飼育法

　上述のように、最高の肥育条件はモンタネーラだが、実態として①放牧オンリー、②部分的放牧＆開放的農場、③飼料育ち、の3カテゴリーがある。厳密な規格と表示義務があるので、ラベルで確認できる。

デ・ベジョータ de bellota

　デエサで放牧を行い、ドングリ（ベジョータ）、草、その他自然の産物のみを食べ、補完飼料を与えることなくと畜された豚。

....

・モンタネーラ開始時の体重は92〜115kg。
・60日間以上放牧し、体重が最低46kg以上増加。

・と畜時の最低月齢は14カ月。

デ・セボ・デ・カンポ de cebo de campo

　デエサで放牧されてドングリや草、その他自然の産物を食べ、かつ、補完飼料（穀類や豆類を主原料とする）も与えられた豚。屋外もしくは屋根のついた農場（1頭あたり最低100㎡）で飼育。

....

・上記条件の農場での飼育期間は最低60日間。
・と畜の最低月齢は12カ月。

デ・セボ de cebo

　飼料（穀類や豆類を主原料とする）育ち。1頭あたり（110kg以上の場合）最低2㎡以上の面積のある農場で飼育された豚。

....

・と畜の最低月齢は10カ月。

　なお、3種とも枝肉個体の最低重量は同じで、115kg（100%イベリコの場合は108kg以上）。

3. 熟成の期間

生ハムの加工プロセスは、豚の解体→骨付きの脚を塩漬け→洗浄→後塩漬け→乾燥・熟成。ハモン・セラーノもハモン・イベリコも変わらない（熟成の最低日数の規定は異なる）。

なお、生ハムには、本来の後脚（ハモン）のほかに、前脚（パレタ）もある。パレタのほうがハモンより小さく、熟成期間も短めだ。

塩漬け加工後の重量と、加工日数の関係
■ハモン・イベリコの場合
・7kg未満→最低600日以上
・7kg以上→最低730日
■パレタ・イベリカの場合
・重量に関わらず、365日

上記はあくまでの「最低日数」で、3年、4年と、より長く熟成させた（グラン・レセルバなどと称する）製品もある。ハイレベルな血統や飼育方法になるほど、じっくりと長期熟成させて、より力強く、かつ洗練された旨みと香りに仕上げていくものだ。

4. 熟成の環境

等級には関係ないが、生ハムの個性に関わるポイントに地域性がある。ハモン・イベリコには4つの原産地呼称産地があるが、それは豚の出身地ではなく、生ハムとしての熟成地を示す。温度管理された工場ではなく、地域の気温や湿度の影響のもとで熟成させているからこその特徴だ。

生ハムの1本ずつの個性は、諸条件がからむので一概には言えないが、暑い南の産地ハブーゴの生ハムは塩がきつめで旨みがガツンと濃く、北の産地ギフエロの生ハムは熟成がゆっくりで肉の甘みが繊細…と、一般によく言われる。

- **■DOPギフエロ**（注・カスティージャ・イ・レオン州のサラマンカ郡の南東部の指定地域）
- **■DOPハブーゴ**（注・アンダルシア州のウエルバ郡内の指定地域）
- **■DOPデエサ・デ・エクストレマドゥーラ**（カセレス郡とバダホス郡の指定地域）
- **■DOPロス・ペドロチェス**（アンダルシア州のコルドバ郡の指定地域）

ハモン・セラーノのおいしさ

ハモン・セラーノはイタリアのプロシュートと対比されることが多い。よく言われるのは、プロシュートは華やかな香りに個性があり、セラーノは深いコクと味わいが特徴である、ということ。

一般のハモン・セラーノとは一線を画す、地域特有の個性をもった、高級生ハムもある。どちらも歴史的

左／と畜、解体後のイベリコハムはプレスして血抜き後、塩漬けする。この後、洗浄し、新たに塩をまぶして乾燥へ。
右／熟成中のイベリコハム（DOハブーゴ）。表面をカビがびっしりと覆っている。熟成は基本的に自然まかせで、夏は脂肪が溶けて肉によく浸透し、寒くて湿度の高い冬は微生物の活動が盛んになり、風味と旨みが深まっていく。

に名高い生ハム産地で、白豚の血統品種や、熟成環境にも高い条件がある。

ハモン・デ・テルエル（DOP）

アラゴン州テルエル県の指定地域指定地域内で飼育された豚を使い、標高800m以上の環境で、皮付きのまま（一般的なハモン・セラーノは皮を一部はぐ）、18カ月以上かけて加工熟成される。

ハモン・デ・トレベレス（IGP）

標高約1500mに位置するトレベレス村は、アンダルシア州シエラネバダ国立公園の中心部にあたる。その冷涼な山岳地の環境下で、17〜28カ月熟成される。塩分量が少ない、繊細な味わいも特徴だ。

部位による味わいの特徴
―― ハモン・イベリコを例に

1本の生ハムも、赤身と脂肪の入り方は部位によってかなり異なる。ハモン・イベリコをカットする際には、とくに気になるところだ。

ひづめの裏側を上にしたときに上を向く、内ももにあたる「マサ」は、いちばん脂肪が豊かなところだ。スライスすると、見事な霜降りが現れる。反対側の外ももは「バビージャ」と呼ばれ、脂が少なく、赤身がちで、肉としての旨みをより強く感じる。

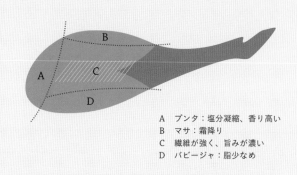

A　プンタ：塩分凝縮、香り高い
B　マサ：霜降り
C　繊維が強く、旨みが濃い
D　バビージャ：脂少なめ

ももの付け根は「プンタ」と呼ばれる。生ハムを吊るすと、ここは最下部にあたる。「熟成のために吊るされている長期の間に、肉の旨みや塩気が下がってくるので、ここには旨みが集中する」（ホセリート社のホセ・ゴメス社長）と言い、いちばん味のある部分だという。

骨の両側は、繊維が多く、薄い腱も混じるが、甘みがある。骨のすぐ近くは赤身が濃くかたい部分で、角切りにしておつまみにしたり、コロッケやオムレツに入れる。生ハム通はこれこそ味の凝縮した生ハムの醍醐味、という。

いちばんの贅沢はすべての部分を味わうことで、大勢の人に生ハム1本を切るときは、さまざまな部位が均等にいきわたるようにする。

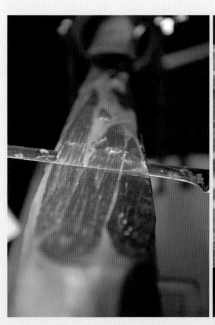

デ・ベジョータ、100%イベリコの長期熟成ハム。脂肪は透明感のある、かすかに酸化したゴールド色だ。香り豊かで口の中ですっと溶け、噛みしめるごとに赤身の旨みがほとばしる。

ソフリート、だし、ソース

小西由企夫
エル・ポニエンテ

仕込み置きの玉ネギのソフリート

玉ネギ（薄切り）…750g
ニンニク（みじん切り）…2かけ
オリーブ油…300ml
塩…適量

1 オリーブ油とニンニクを鍋に入れて火にかける。香りが出たら玉ネギを入れ、混ぜてなじませる。少量の塩をふって全体を混ぜ、弱～中火でゆっくりと炒め煮にする。
2 途中、ときどきかき混ぜる。玉ネギが色づいたら弱火にする。
3 キツネ色に近づいた状態で火を止める（加熱時間は約20分間）。

—

みじん切りではなく薄切り。オムレツ料理や米料理に使うことが多い。一部に軽く焦げ色がついていてもかまわない。一部のバスク料理には、さらに炒めて焦げ色を深めてから使う。

—

仕込み置きのトマトソフリート

オリーブ油…350ml
玉ネギ（みじん切り）…1450g
ニンニク（みじん切り）…70g
ピーマン（みじん切り）…250g
ピメントン（甘口）…30g
白ワイン…250ml

ホールトマト（缶、漉したもの）…5.1kg
塩…適量

1 オリーブ油とニンニクを鍋に入れて火にかけ、香りが出たら玉ネギ、ピーマンを加える。塩をして全体を混ぜ、弱～中火で炒め煮にする（約20分間）。
2 ピメントンを加え、弱火にして軽く炒め、白ワインを加える。強火にしてアルコールを飛ばし、漉したトマトを加えて混ぜる。沸いたら弱火にして1時間～1時間半煮る。

—

トマトソースを兼ねる存在。豆の煮込みやカジョスなど「煮込み料理のベース」として使用するほか、パエージャにも使う。

—

魚介のカルド

オリーブ油…350ml
ニンニク（みじん切り）…4かけ
タカノツメ…1本
甲殻類のガラ（オマールエビ、有頭エビなど、ぶつ切り）…600g
白身魚のアラ（ぶつ切り）…1.6kg
香味野菜
　玉ネギ（薄切り）…450g
　ニンジン（薄切り）…250g
　長ネギの白い部分（薄切り）…70g
　セロリ（薄切り）…110g
ホールトマト（缶）…800g
ブランデー…150ml
白ワイン…300ml
水…7L
ローリエ…2枚
塩…適量

1 広口の大鍋にオリーブ油、ニンニク、タカノツメを入れて火にかけ、煙が立ったら甲殻類のガラを入れて、強火で（木ベラでつぶしながら）炒める。3分間ほどして色づいたら、白身魚のアラも加えてさらに炒める。
2 魚が色づいたら、香味野菜を入れて炒め、しんなりとしたらトマト、ブランデー、白ワインを加え、強火にしてアルコール分を飛ばす（3～4分間）。

3 水を加える。沸騰したらアクを除き、ローリエを加えて弱～中火にし、約40分間煮出す。
4 シノワで漉す。その際、アラをしっかりと押してエキスを絞り出す。

—

サルスエラ、スケ、パエージャなど「おいしい魚介のだし」を主役にした料理全般に使う。旨み、香り、酸味のバランスの取れた完成度の高いスープ。

—

魚のフュメ

白身魚のアラ…1.2kg
白ワイン…500ml
水…5L
玉ネギ（薄切り）…1個
セロリ（薄切り）…1本
白ネギ（長ネギ／薄切り）…1本
パセリの軸、白コショウ、ローリエ
　…各適量

1 白身魚アラ、白ワイン、水を鍋に入れて沸騰させ、アクを除く。その他の材料を加えて20～30分間煮出す。
2 漉す。

—

フランス料理の「フュメ」に比べるとかなり薄い魚系のだし。魚介料理全般およびサルサ・ベルデのベース等に使う。

—

鶏のカルド

鶏ガラ…4kg
水…12L
玉ネギ（粗角切り）…2½個
ニンジン（粗角切り）…2本
セロリ（粗角切り）…3本
ブーケ・ガルニ…1本
パセリの軸…適量
タイム…適量
ローリエ、白粒コショウ、クローブ
　…各適量

1 鶏ガラと水を鍋に入れて沸騰させ、アクを除いてその他の材料を加え、約1時間半煮出す。
2 漉す。

ホセ・バラオナ・ビニェス
レ・ストゥディ

ソフリート

玉ネギ（みじん切り）… 1個
ニンニク（みじん切り）… 1かけ
オリーブ油… 30〜40ml

1　玉ネギとオリーブ油を鍋に入れ、弱〜中火で炒め始める。
2　玉ネギが透明になったらニンニクを加え、約30分間炒めて（色はほぼ白いまま）、火を止める。

—
必要であればさらに炒めて、さらに甘み、旨みを引き出す。
—

玉ネギのソフリート

玉ネギ（みじん切り）… 2個
オリーブ油… 40〜50ml

1　玉ネギとオリーブ油を鍋に入れ、弱〜中火で最低15分かけて炒める。

—
「玉ネギのポチャーダ」とも呼ぶ。汎用性をもたせるためにニンニクは不使用（ニンニク香が欲しければ、使用時に、油でニンニクを軽く炒め、そこにこのソフリートを加えて炒め合わせる）。仕上げにピカーダを加える煮込み料理には、このニンニクなしのソフリートが使いやすい。
—

玉ネギとピーマンのソフリート

玉ネギ（みじん切り）… 2個
ピーマン（みじん切り）… 6個
ニンニク（みじん切り）… 1〜2かけ
オリーブ油… 50ml

1　玉ネギとオリーブ油を鍋に入れ、弱〜中火で炒める。
2　玉ネギが透明になったらニンニク、ピーマンを加えてさらに炒める（トータルで計15分間以上）。

薄めの鶏のカルド

鶏手羽… 5〜6本
玉ネギ（粗角切り）… 1/2個
ニンジン（粗角切り）… 1/2本

生ハム（角切り）… 40〜50g
ミネラルウオーター… 1L

1　材料を鍋に合わせて火にかける。沸いたらアクを除き、中火にして約30分間煮出し、漉す。

鶏のカルド

鶏ガラ（ぶつ切り）… 5羽分
玉ネギ（粗角切り）… 3個
ニンジン（粗角切り）… 3本
ポロネギ（粗角切り）… 1本
セロリ（粗角切り）… 75g
フェンネル（粗角切り）… 1/4個
ニンニク… 2〜3かけ
タイム… 少量
ローリエ… 少量
黒コショウ… 少量
ミネラルウォーター… 9〜10L

1　鶏ガラをオーブンで焼く（油は使わない）。
2　焼いた鶏ガラとその他の材料を鍋に合わせ、火にかける。沸いたらアクを除き、弱〜中火で約6時間煮て、漉す。

—
ベーシックな肉系のだし。
—

魚介のカルド

白身魚のアラ（ぶつ切り）… 1.5kg
カニ（ぶつ切り）… 250g
エビの頭… 100g
香味野菜
　｜ ニンジン（粗角切り）… 1本
　｜ 玉ネギ（粗角切り）… 1個
　｜ セロリ（粗角切り）… 1本
　｜ ニンニク… 2かけ
ピメントン（甘口）… 3g
トマトソース… 大さじ1
　（またはトマトのすりおろし1個分）
ローリエ… 1枚　オリーブ油… 25ml
ミネラルウォーター… 8L

1　カニ、エビの頭をオーブンで焼く。
2　鍋に香味野菜とオリーブ油を入れてゆっくりと炒める（色づけない）。ピメントン、トマトソースを加え、1を加えて軽く炒め合わせる。
3　白身魚のアラと水を入れ、沸いたらアクを除く。中火にして、50〜60分間煮る。
4　漉す。

—
魚と甲殻類の旨みと香りをていねいに引き出した、「おいしい魚介のスープ」。だしが主役となる料理（スケャ、アロス・ア・バンダなど）用。
—

魚のフュメ

白身魚のアラ（ぶつ切り）… 1.5kg
香味野菜
　｜ ニンジン（粗角切り）… 1本
　｜ 玉ネギ（粗角切り）… 1個
　｜ セロリ（粗角切り）… 1本
　｜ ニンニク… 2かけ
ローリエ… 1枚
オリーブ油… 25g
ミネラルウォーター… 8L

1　鍋に香味野菜とオリーブ油を入れてゆっくりと炒める（色づけない）。
2　白身魚のアラと水を加え、沸いたらアクを除く。ローリエを加え中火にして、30〜40分間煮る。
3　漉す。

イカスミソース

イカスミ（生）… 大さじ3
ニンニク… 2〜3かけ
玉ネギ（粗みじん切り）… 2個
トマトペースト… 大さじ2
白ワイン… 100ml
アーモンド… 15粒
バゲット薄切り… 2枚
魚介のカルド… 300ml
塩、オリーブ油… 各適量

1　アーモンドとバゲットをオリーブ油（分量外）で揚げておく。
2　オリーブ油とニンニクを鍋に入れて火にかけ、香りが出たら玉ネギを加えてじっくりと炒める。トマトペースト、白ワインを加えてアルコールを飛ばし、1とイカスミを加えて混ぜる。魚介のカルドを加えて約15分間煮る。
3　ミキサーにかけて、シノワで漉す。

—
アロス・ネグロ用に仕込む場合のもの。
—

ライトマヨネーズ

市販のマヨネーズに5〜10%のミネラルウォーターを加えてゆるめたもの。

本多誠一
スリオラ

魚のカルド

白身魚のアラ…2kg
昆布…15cm
日本酒…500ml
ミネラルウォーター…2L

1 材料を鍋に合わせて火にかけ、沸いたらアクを除き、中火にして約30分間煮出す。
2 漉す。

—

汎用性の高い、魚のだし。香味野菜は使わず、魚の風味そのものを素直に引き出したもの。

—

鶏のカルド

鶏ガラ…5kg
ニンニク…1株
ニンジン（角切り）…1本
セロリ（角切り）…1本
ポロネギ（角切り）…1本
ブーケ・ガルニ…1束
白粒コショウ（つぶす）…10粒
ミネラルウォーター…8L

1 鶏ガラと水を鍋に入れて沸騰させ、アクを除く。その他の材料を加えて約1時間煮る。
2 火を止めて2時間そのまま置く。
3 漉す。

—

汎用性の高い、ベーシックな肉系のだし。

—

前田庸光
サル・イ・アモール

鶏のカルド

鶏ガラ（ぶつ切り）…2.5kg
ニンニク（皮付き）…1かけ
玉ネギ（横半割）…1個
ニンジン（1cm輪切り）…1/2本
セロリ（1cm輪切り）…1/2本
トマト…1個
水…8L

1 鶏ガラと水を鍋に合わせ、火にかける。沸いたらアクを除き、その他の材料を加える。沸いたら火を弱めて約3時間煮出す。
2 漉す。

—

汎用性の高いベーシックな肉系のだし。

—

魚介のカルド

白身魚のアラ
　（タイ、カサゴなど）…2kg
エビの頭…100g
ニンニク（横半割）…4株
ニョラの果肉ペースト…約50g
水…6L
オリーブ油…適量

1 白身魚のアラを水にさらす。
2 鍋にオリーブ油を引き、ニンニクの断面を香ばしく焼いて取り出す。この油で、エビの頭を炒める。1の魚のアラ、ニンニク、ニョラ、水を加え、沸いたらアクを除いて、約40分間煮出す。
3 漉す。

—

魚介の風味をしっかり引き出し、ニョラやニンニクの香ばしさをからませて、ダイレクトに「旨さ」を感じさせるだし。魚介系の米料理、魚料理全般に使う。

—

トマトソース

ホールトマト…600g
ニンニク…1かけ
イタリアンパセリ…軸1本分

1 材料をミキサーにかける。

—

生トマト代わりに使うフレッシュなソース。バレンシアではパエージャ用トマトという意味で、「トマテ・パエージャ」と呼んでいた。現地では生トマトを使っていたが、日本ではヨーロッパ産の安定したトマトのコクを得るためにホールトマト缶を使っている。パエージャ以外の料理にも使っている。

Index

主素材に準じた料理別

スペイン風味のキー食材INDEX

調理解説担当のシェフ

小西由企夫
Yukio Konishi

調理師学校でフランス料理の基礎を学ぶ。当時日本にスペイン料理店があまりに少ないことにむしろ可能性を感じて、1983年に20歳で渡西。マドリード、カタルーニャで4年間修業し、伝統料理を中心に学ぶ。帰国後独立し、1998年に「エル・ポニエンテ」を開店。以後"正統スペイン料理のレストラン"として成長させながら並行して、タパスや地方料理をテーマとした別店舗を展開し、スペイン食文化を多面的に日本に伝えてきた。

協力スタッフ
中村篤志
Atsushi Nakamura

エル・ポニエンテグループ「アマルール」の料理長。バスクの調理師学校を卒業後、レストラン「スベロア」などで5年間修業経験を持つ。

エル・ポニエンテ（本店）
㊤大阪府大阪市中央区北浜2-1-21
　つねなりビル1F
☎06-6220-6868
㋾http://www.elponiente.jp/

ホセ・バラオナ・ビニェス
Josep Barahona Viñes

カタルーニャ州レリダ出身。1991年に来日し、1997年に「エル・パティ・デ・バラオナ」を開業。2度の店舗リニューアルを経て、現在はアトリエ兼予約制レストラン「レ・ストゥディ」に。その間、スペイン料理のニューウエーブをいち早く伝え、ピンチョスのブームを日本に巻き起こし、現在はおもに「洗練されたスペインおよびカタルーニャ伝統料理」を発信する。出版、店舗プロデュース、ケータリングやセミナー等、幅広く活動。

レ・ストゥディ
㊤東京都千代田区内幸町2-2-2
　富国生命ビルB2F
☎03-3597-0312
㋾https://lestudi.jp/

本多誠一
Seiichi Honda

1998年に渡仏し、三ツ星レストラン等で4年間のガストロノミー修業をしたのち、スペインへ。伝統食文化を体験することを目的に、バスクの「カサ・ウロラ」に入店（のちに料理長）。4年間の在籍中に各地で見聞を広める。帰国後は日本料理「龍吟」で経験を積んだのち、スペイン料理「サンパウ」副料理長に。2011年に現代スペイン料理レストラン「スリオラ」を独立開業。現在ミシュラン二ツ星。本書では、バスクの郷土スタイルで料理を紹介。

前田庸光
Nobuaki Maeda

スペイン料理を志して、料理の道に入る。東京のスペイン料理店で約6年の経験を積んだのち、「米料理の奥深さを学ぶ」ことを目的として2013年にスペイン、バレンシアへ渡る。本場のアロセリア（米料理専門店）、市場の鮮魚店、高級レストランで1年間精力的に修業し、休みには各地を食べ歩いて、米料理ほか郷土料理の見聞を広める。帰国後、2017年より、日本の本格アロセリア「サル・イ・アモール」（2012年開業）の料理長。

スリオラ
東京都中央区銀座6-8-7
　交詢ビル4F
電03-3289-5331
http://zurriola.jp/

サル・イ・アモール
住東京都渋谷区代官山町12-19
　第三横芝ビルB1F
電03-5428-6488
https://www.vandk.jp/

La
Cocina
Tradicional
Española
de hoy

プロのための
スペイン料理がわかる本

初版印刷　2022 年 6 月 20 日
初版発行　2022 年 7 月 5 日

編者 ⓒ　　柴田書店
発行者　　丸山兼一

発行所　株式会社柴田書店
〒 113-8477
東京都文京区湯島 3-26-9 イヤサカビル
営業部　　　03-5816-8282（注文・問合せ）
書籍編集部　03-5816-8260
https://www.shibatashoten.co.jp

印刷・製本　シナノ書籍印刷株式会社

本書掲載内容の無断掲載・複写（コピー）・引用・データ配信
等の行為は固く禁じます。乱丁・落丁本はお取替えいたします。

ISBN 978-4-388-06349-9
Printed in Japan
ⓒShibatashoten 2022